# Secrets d'une peau nette

SOLUTIONS NATURELLES

POUR EN FINIR AVEC LES BOUTONS

Elodie-Joy JAUBERT

éditions la plage

Pour être tenu au courant de nos publications,
envoyez vos coordonnées à :
info@laplage.fr
**www.laplage.fr**


ISBN : 978-2-84221-477-7
Conception graphique : David Cosson – dazibaocom.com
Illustrations : Elodie-Joy Jaubert

FSC
MIXTE
Papier
FSC® C112206

Imprimé sur du papier issu de forêts gérées durablement,
à Barcelone, sur les presses de Beta (ES), imprimeur labellisé
pour ses pratiques respectueuses de l'environnement.

# Sommaire

# Introduction

Oui, avoir des boutons, ce n'est drôle pour personne... d'autant plus qu'ils peuvent être très envahissants dès l'adolescence et persévérer à l'âge adulte. Offrons-nous un petit tour d'horizon :

Il y a le bouton solitaire, qui n'a besoin de personne et pointe le bout de son nez le premier jour de classe, ou encore au premier rendez-vous amoureux.
Il y a les collectifs, qui se déplacent en petits groupes et se rassemblent sur une zone bien définie du visage.
Les boutons méthodiques s'appliquent à réaliser une forme géométrique, nous transformant en parfaite calculatrice.
Les possessifs, eux, se cramponnent vigoureusement et, une fois délogés, laissent une trace indélébile de leur passage.
Quant aux envahisseurs, ils sont toujours bien décidés à s'installer sur chaque centimètre carré de notre visage.
Et puis il y a les grands timides, qui se font tout petits, presque discrets, mais ne manquent jamais à l'appel.

N'est-il pas incroyable de voir combien ces imperfections de peau peuvent non seulement saper la confiance en soi, mais aussi nous faire dépenser des fortunes en produits de soins, cosmétiques et médications ?
Vous me répondrez que s'il existait une solution miracle aux problèmes de peaux, on la connaîtrait déjà depuis longtemps. Pour autant... avoir une peau saine n'est peut-être pas aussi inaccessible que vous le pensez.
Des solutions d'une simplicité déconcertante existent, dont les résultats sont bien réels et plus durables que tous les slogans publicitaires accrocheurs qui vendent des issues miracles tel le nouveau « bidule purifiant » qui réglera, une fois de plus, votre problème pour quinze jours, jusqu'à la prochaine éruption cutanée.

Mon challenge est de vous prouver que vous pouvez renouer avec votre peau. Une peau à imperfections est une peau « détraquée » tant de l'intérieur que de l'extérieur. C'est par une bonne compréhension de l'hygiène de vie et avec des gestes simples que nous allons lui donner la possibilité de retrouver cette harmonie perdue.

Je ne suis pas une scientifique, donc sachez que mes conseils ne doivent jamais se substituer à ceux d'un professionnel de santé. Cependant, par mon expérience et celles de nombreuses personnes ayant expérimenté ces solutions naturelles simples, je peux vous assurer que cette prise de conscience pourra peut-être changer votre vie.

Ce livre a été réalisé pour vous accompagner et vous donner toutes les informations nécessaires à l'amélioration de l'état de votre peau, tel un manuel dans lequel vous aurez plaisir à chercher des réponses pratiques. L'approche voulue ici est de vous permettre de piocher de-ci de-là, de tester, de voir et d'écouter les réactions de votre corps et de votre peau. Pour avoir des résultats rapides, ne transigez pas sur la régularité de votre routine de soins, votre alimentation et les conseils d'hygiène. Et si les astuces de cet ouvrage vous semblent trop simples ou trop originales, donnez-leur quand même une chance. Je ne doute pas qu'elles sauront vous surprendre par leur efficacité.
Alors ? Vous vous lancez ?

Attention, si vous êtes enceinte, allaitante, ou si vous souffrez d'une maladie avérée, demandez l'avis de votre médecin avant d'appliquer les conseils prodigués dans ce livre.

# Premiers pas

## Les méfaits du stress sur la beauté

« Je me sens moche ! », « Je ne vaux rien ! », « J'ai une sale tête aujourd'hui ! », « Je ne vais pas lui plaire... » « Je vais me taper la honte avec ma face de... », « Qu'est-ce que j'ai fait pour mériter ça... ? » Êtes-vous sûre de ce que vous dites ? Saviez-vous que le stress généré par le mal-être va créer en réaction des états « inflammatoires » dans votre corps, une montée de sébum et donc engendrer des boutons ?
En vous envoyant des pensées de jugement, de rejet et de dépréciation, vous créez une énergie négative à votre encontre. De manière imagée, cela équivaut à vous envoyer régulièrement des doses de poison qui vont s'accumuler et engendrer des dysfonctionnements métaboliques profonds.
Aujourd'hui, des études ont souligné l'impact du mental sur le corps. La matière (le corps) et l'énergie (les sentiments et pensées) sont interchangeables. Il est donc prouvé que l'optimisme améliore l'immunité du corps et abaisse les états inflammatoires. Une peau à problèmes est une réaction inflammatoire. Si vous souhaitez vous prémunir durablement des imperfections, il va falloir aider votre corps à ne pas vivre dans un état de stress permanent. Faire l'effort de changer votre état d'esprit vous sera salutaire à tous niveaux. Les bénéfices que vous en tirerez valent bien quelques semaines d'efforts et de nouvelles habitudes.

## Le lâcher-prise

Et si vous décidiez de vous laisser en paix ? Je peux vous assurer que vous auriez tout à coup la sensation de retirer de vos épaules un lourd fardeau.
Lâcher prise, c'est une vraie prise de conscience. Non seulement cela en vaut la peine, mais surtout cela permet d'exister pleinement. La beauté est certes agréable, mais est-ce là uniquement ce qui est important pour faire de nous un être lumineux et attirant ? Ce qui sera vraiment apprécié chez une personne, c'est avant tout son aisance, le fait de ressentir qu'elle s'aime telle qu'elle est, sans chichis, que tout semble simple à son contact. Qu'elle fait preuve d'une vraie empathie tant pour elle-même que pour les autres ! Une personne qui s'aime attire le regard. On a alors envie de la côtoyer, d'être proche d'elle, de lui ressembler. Mais si vous observez bien, ce type de personne n'a pas besoin d'être « parfaite » pour rayonner...

## Je m'aime

Une personne bien dans sa peau, à l'aise avec elle-même, qui a le sourire, vous fera penser qu'elle est belle et vous en mettra plein la vue. Mais est-elle aussi physiquement parfaite que vous le percevez ? Peut-être pas autant que cela...

Et pourquoi vous comparer? Arrêtez de le faire, cela aussi, ça change la vie. Chacun a juste le plaisir d'exister et d'ajouter de la beauté à la vie. Ce qui est formidable, c'est qu'il y a de la place pour tout le monde et que vous avez le droit (même l'obligation!) d'être singulier et d'aimer votre singularité. Votre beauté, votre personnalité, c'est vous qui lui donnez la possibilité d'exister. Ne laissez personne prendre cet espace de vie qui vous est offert. Faites briller votre lumière intérieure. Appuyez sur l'interrupteur et ne laissez jamais plus personne couper l'électricité.

Dans cette quête de la peau parfaite, donnez-vous toutes les chances de réussite. Choisissez dès aujourd'hui de vous aimer. Ayez un regard rempli de la même bienveillance et du même amour que celui d'une mère envers son enfant. Tout est parfait en vous, tout est fruit de l'amour. Ne perdez plus une minute pour vous offrir « enfin » ce cadeau qui vous est dû.

## Trois mises en pratique de l'amour de soi

### L'apprentissage du miroir

Dorénavant, chaque fois que vous croiserez votre regard dans un miroir, souriez-vous et dites-vous : « Je t'aime (votre prénom)! Tu es parfaite telle que tu es. Je t'aime vraiment (votre prénom). Je suis fière de toi (votre prénom). Tu mérites le meilleur! »

### L'Ho'oponopono

Voilà une tradition hawaïenne qui a traversé les âges tant elle est reconnue comme puissante. Il s'agit d'un mantra qui a pour but de rétablir la paix en soi et/ou avec les autres. Il exprime le pardon, la réconciliation et nous reconnecte avec le meilleur de nous-mêmes.

Pour cela, récitez : « Désolé, Pardon, Merci, Je t'aime. » Vous verrez, répétés souvent et quotidiennement, ces quatre mots d'apparence si simple pourront avoir un effet époustouflant.

### La gratitude

Dire « Merci » pour toute chose, aussi insignifiante soit-elle, permet de trouver une paix intérieure nouvelle. Vous pourrez très vite apprécier l'impact fort de ce sentiment de pleine satisfaction qui vous libérera du stress et du jugement négatif que l'on peut avoir sur soi-même.

***Passez vite à la pratique :*** *En attendant d'avoir la peau de vos rêves (ce qui je le souhaite sera le cas après la lecture de ce livre), rien ne vous empêche de mettre en valeur tout ce que vous avez de plus beau en vous.*

*Vos cheveux, votre sourire, vos jambes, vos fesses, votre poitrine, votre torse, vos yeux, votre humour, votre culture, votre créativité, votre style vestimentaire...*

*Vous avez des tas de ressources qui font de vous un être de grande valeur et unique. Ne laissez pas le regard des autres dicter la façon dont vous vous sentez, au contraire amusez-vous et profitez de qui vous êtes vraiment.*

## Bouger

Vous connaissez sûrement le slogan « Mangez, bougez! ». Eh bien, moi, je vous dis : « Bougez pour une peau purifiée! » Oui, cela fonctionne aussi. En effet, aujourd'hui, on est souvent trop assis, trop affalé, trop couché. On ne s'en rend pas compte, mais notre corps est fait pour être en mouvement. Ordinateur, télévision, portable, console… C'est peut-être vivre avec son temps, mais en abuser, c'est agir à l'encontre de son équilibre. Il faut comprendre que plus vous bougerez votre corps, plus votre métabolisme aura d'oxygène et de force vitale pour évacuer les toxines qui l'encombrent. Et qui dit moins de toxines dit moins de boutons.
Préférez toujours les escaliers à l'ascenseur. Marchez jusqu'à la gare au lieu de prendre le bus. Portez les packs d'eau au moment des courses, promenez le chien, baladez-vous dans votre quartier, courez, transpirez dans une salle de sport…

**Passez vite à la pratique :** *Saviez-vous que, sur Internet (YouTube), l'on trouve gratuitement des cours de sport, de musculation, de fitness ou de yoga? Il existe aussi du petit matériel sportif abordable pour vous soutenir dans cette dynamique : trampoline d'appartement, corde à sauter, haltères, trottinette, vélo d'appartement, rameur, stepper… sans parler des cours collectifs auxquels vous pouvez vous inscrire dans votre quartier. Vous l'aurez compris, avoir la volonté de bouger, de transpirer, c'est se donner le plaisir d'être mieux dans son corps, d'être moins complexé, moins stressé et d'avoir une peau saine.*

## Le sommeil

Le soir, on a souvent bien du mal à se coucher tôt. Alors on traîne, on regarde un film, on bavarde sur les réseaux sociaux. C'est sympathique tout cela, sauf si l'on commence à connaître et à comprendre l'étonnant mécanisme du corps, qui est très organisé et qui a un emploi du temps strict et minuté.
Devinez quoi! C'est pendant les heures qui précèdent minuit que le corps s'occupe activement de nettoyer en profondeur les toxines accumulées durant la journée. Ce moment est donc très important et l'entraver, c'est délibérément ne pas respecter son corps. De fait, si vous ne faites pas l'effort de vous endormir au minimum deux heures avant minuit, donc à 22 heures, vous ne pouvez pas espérer que ce travail de détoxication soit optimum. Plus vous accumulerez de manque de sommeil, plus vous empêcherez ce moment de grand nettoyage, plus vous emmagasinerez de toxines. Par effet « bouchon », elles ne seront pas correctement évacuées et finiront par éclore sur votre peau. Dommage non?

**Sept astuces pour se coucher plus tôt et améliorer sa qualité de sommeil :**

- Éteignez tout écran (ordinateur, télé, portable…) une grosse demi-heure à une heure avant de vous coucher.
- Ne dormez pas à côté de votre portable, car les ondes électromagnétiques peuvent perturber le sommeil.
- Prenez votre repas du soir le plus tôt possible pour ne pas être trop proche de l'heure du coucher. Vous risqueriez de perturber votre endormissement, car la digestion demande beaucoup de travail et votre corps a besoin de toute son énergie pour faire le grand ménage.
- Restez dans le noir complet et sans bruit. Facile à dire, mais pas toujours simple en pratique. Heureusement des subterfuges existent : un masque pour les yeux, des rideaux occultant et des boules Quies.
- Massez-vous le haut des oreilles. Vous verrez, ce geste antistress très efficace aide à s'endormir.
- Réalisez plusieurs respirations abdominales : bouche fermée, inspirez par le nez en gonflant le ventre. Bouche fermée, gardez l'air pendant quelques secondes. Expirez par la bouche en rentrant le ventre. Bouche fermée, restez les poumons vides pendant quelques secondes.
- L'ASMR (*Autonomous Sensory Meridian Response*) : voilà une nouvelle pratique d'accompagnement à l'endormissement qui prend de plus en plus d'essor sur Internet (YouTube). Si vous êtes sensible aux voix douces et aux chuchotements, de nombreux documents audio vous accompagneront dans un sommeil profond.

# Des solutions dans l'assiette ?

## Les bons et les mauvais aliments

Bien manger peut vous permettre de passer un palier supérieur dans l'obtention d'une peau saine. Il est clair que souvent, l'approche alimentaire dite « de santé » ne semble pas la plus gourmande pour bon nombre d'entre nous. Cependant notre corps, et en particulier notre estomac ne sont pas des poubelles. Il est donc important de vous apporter des connaissances qui vous aideront à faire des choix cohérents. Il est parfois compliqué de changer ses habitudes du jour au lendemain et bien souvent

certains d'entre nous sont soumis à des choix alimentaires dictés par une situation familiale ou scolaire... C'est pour cette raison que pour chaque « aliment-bouton » vous seront proposés des défis que vous seul serez appelé à relever.
De nombreux témoignages rapportent que des peaux ont été transformées grâce à des choix alimentaires raisonnés ; passer à côté de ces conseils vous éloignerait indéniablement de votre but de retrouver une peau saine.

## Les produits laitiers

Grâce à l'ingéniosité publicitaire des firmes du lait, il est ancré dans les esprits que le lait et ses dérivés ont quelque chose de sain, de pur de doux pour notre santé. Seulement, des recherches scientifiques ont démontré que le lait a un effet direct sur les imperfections de la peau à cause des hormones qu'il contient. Ces hormones créent en effet une augmentation du sébum, mais aussi divers troubles métaboliques comme des pics d'insuline malgré un index glycémique bas, des troubles inflammatoires... Ainsi, le professeur Joyeux (cancérologue français) explique que 75 % de personnes dans le monde seraient intolérantes, voire allergiques au lait.
Ces données sont à prendre en compte si l'on souffre de peau boutonneuse et que l'on souhaite retrouver rapidement une peau saine. Il est vrai que nous ne sommes pas tous égaux et certaines personnes consommant des produits laitiers n'auront pas d'imperfections. L'important n'est pas de regarder si l'herbe est plus verte ailleurs, mais plutôt d'accepter l'état de son propre terrain et de mettre en œuvre les bonnes méthodes pour améliorer sa situation.

***Passez vite à la pratique** : Si vous avez une peau boutonneuse, diminuez drastiquement votre consommation de produits laitiers et remplacez les fromages au lait de vache par des fromages au lait cru de brebis ou de chèvre (si vous n'êtes pas enceinte). Remplacez le lait de vache par des laits végétaux : lait de riz, lait d'amande, lait de petit épeautre, lait de soja... Les laits végétaux se trouvent aujourd'hui facilement dans tout supermarché ou en magasin bio.*

*Vous avez une peau très boutonneuse, faites l'expérience de ne plus consommer aucun produit laitier (pas de lait, pas de fromage, pas de yaourt, pas de confiseries ni de barres de chocolat contenant du lait...) pendant 21 jours.*

*En relevant ces défis, vous pourrez juger de leur effet sur votre peau. Le plus souvent, ils sont si visibles et tellement enthousiasmants que vous ne le regretterez pas et que vous adopterez cette nouvelle façon de vous alimenter.*

### Et le calcium dans tout cela ?

Saviez-vous que les Japonais ne mangent pas de produits laitiers et qu'ils font partie des populations qui souffrent le moins de problèmes osseux ? Rassurez-vous en variant votre alimentation avec d'autres aliments qui contiennent du calcium : les amandes, le sésame, les algues, la sardine, le saumon, les légumineuses, le brocoli, les choux, les céréales complètes, le lait d'amande...

## Le gluten

**Le gluten :** c'est quoi, cette bête-là ? C'est un terme scientifique qui désigne les protéines et l'amidon que contient la céréale la plus connue : le blé. Le blé est la céréale par excellence, car elle a un rôle de liant dans les préparations (pains, pâtes, biscuits...).

Vous avez certainement entendu parler de l'allergie au gluten, sujet de plus en plus abordé dans les médias. En effet, ce problème est en plein essor dans les pays industrialisés, à tel point que de nombreuses firmes se lancent aujourd'hui dans la conception d'aliments sans gluten.

### L'allergie et l'intolérance au gluten sont-elles un effet de mode ?

Le problème ne vient pas directement du blé, mais de ce que l'homme en a fait en le transformant par une surindustrialisation et pour une surconsommation.

Notre système intestinal peut donc, dans certains cas, être débordé et fortement sensibilisé par l'apport de ce gluten transmuté. Cette intolérance va créer un état inflammatoire susceptible de favoriser des réactions cutanées.

**Passez vite à la pratique :** *Si vous avez une peau boutonneuse, diminuez les apports d'aliments contenant du blé industriel : pain blanc, viennoiseries, pâtes... et lorsque vous décidez d'en manger, choisissez toujours des préparations à base de blé complet ou de petit épeautre. Le blé complet aura subi moins de mutations génétiques et sera mieux toléré par l'organisme. Quant au petit épeautre, il s'agit d'un blé ancien qui n'a pas subi de transformation génétique.*

*Vous avez une peau très boutonneuse, faites l'expérience de ne plus consommer aucun produit à base de blé même complet (pain, pâtes, biscuits, viennoiseries, plats préparés...) pendant 21 jours. Observez si cela apporte une nette amélioration à l'état de votre peau.*

**De bons substituts au blé :** farine de riz semi-complet ou complet, farine de châtaigne, farine de sarrasin, farine de maïs, fécule de pomme de terre...

## Les aliments transformés et industriels

L'être humain, dans sa quête de pouvoir et d'enrichissement, a créé une alimentation davantage basée sur le profit que sur la santé. Bien sûr, cela est rentable pour ceux qui sont à la tête de ce commerce, mais pour nous, simples consommateurs en bas de la chaîne, c'est une autre réalité.

Plats préparés, sucre raffiné (blanc), farine raffinée (blanche), biscuits, viennoiseries, sodas, bonbons, barres chocolatées, produits laitiers industriels… Voilà une liste non exhaustive d'aliments de consommation courante qui ont un impact direct sur la santé et la beauté de la peau.
En effet, ces produits manufacturés sont vides de nutriments et d'enzymes vivantes. De plus, ils sont remplis d'additifs, de conservateurs, de sucre, de sel, d'exhausteurs de goût… qui pour certains ont un effet cancérigène reconnu par la science. Ces denrées alimentaires, pour la plupart volontairement rendues addictives pour le consommateur, ne sont pas naturellement reconnues par le corps. Les produits non naturels sont transformés, dénaturés, et le corps, en les traitant comme des composés intrusifs, les assimilera à des « toxines » dont il doit impérativement se débarrasser pour se maintenir en bonne santé. Dans les faits, le corps saura se débarrasser de ces « toxines » si elles sont ingérées occasionnellement et en petites quantités, car il est une machine extraordinaire.
Malheureusement, trop nombreuses sont les personnes qui consomment ces aliments manufacturés plusieurs fois par jour, à longueur d'année. C'est cet excès qui créera des dérèglements profonds. Le corps, saturé de toxines, aura de plus en plus de mal à s'en défaire. Ce trop-plein, ce débordement, il finira par l'évacuer via le plus grand de nos émonctoires : la peau. D'où des poussées récurrentes de boutons sur le visage, le dos et parfois même le torse.

***Passez vite à la pratique** : Prenez le temps de lire la liste des ingrédients au dos des produits de consommation courante. Décidez de ne consommer que très occasionnellement ces aliments contenant des exhausteurs de goûts, des conservateurs (E450, E300…), du sucre blanc, des farines blanches, de l'huile de palme…*
*Tournez-vous dès aujourd'hui vers des aliments naturels, bruts, non transformés, qui ont gardé toute leur richesse nutritive et enzymatique : fruits et légumes de saison, céréales complètes, pain complet, huile végétale première pression à froid, sucre de canne complet, miel, chocolat noir à plus de 70 %, noix, noisettes, amandes (non grillées et non salées), protéines animales de qualité, lentilles, haricots rouges ou blancs, fruits secs (dattes, pruneaux, abricots…). Ces aliments seront naturellement reconnus et traités par votre corps qui sera alors en meilleure santé. Votre peau sera nettement plus saine.*

## Les bons ou les mauvais gras

### Les gras donnent-ils des boutons ?

Oui et non. En fait, certaines personnes seront tentées de ne plus consommer d'aliments gras pour retrouver une peau saine. Ce choix risque très vite de nuire à leur santé, car le corps a besoin de bon gras pour un équilibre optimum.

Les bons gras, aussi appelés acides gras essentiels, sont ceux (et seulement ceux) naturellement présents dans la nature et qui ont subi le moins de transformations par l'homme et l'industrie.
Vous pourrez par exemple trouver du bon gras dans les fruits oléagineux : avocats, amandes, noisettes, noix, noix de cajou... ou dans les graines : lin, sésame, tournesol... De ces oléagineux et graines, on peut aussi consommer l'huile extraite à première pression à froid, qui aura un réel intérêt nutritionnel. Pour bénéficier de leurs bienfaits, il faut les consommer non chauffées, en assaisonnements de vos plats. Il y a aussi le fameux oméga 3, contenu dans la très précieuse huile d'olive ou encore dans le poisson, si cher à l'alimentation méditerranéenne. Ou encore les très bonnes huiles végétales que l'on trouve facilement en complément alimentaire (gélules) comme l'huile de bourrache et l'huile d'onagre.

***Passez vite à la pratique :*** *Remplacez votre huile de tournesol ou d'arachide par une bonne huile de qualité première pression à froid : huile d'olive ou de noix de coco (qui supportent très bien les fortes cuissons) ou encore de colza, de noix, de lin... (à consommer non chauffées). Bannissez immédiatement la margarine, qui n'est pas un gras recommandé. Et redécouvrez le plaisir de croquer dans des amandes, noix, noisettes, pistaches... lorsque vous avez un petit creux ou encore à l'heure du goûter pour remplacer les biscuits et les barres industrielles.*

## La glycémie

L'index glycémique, ça vous dit quelque chose? Non? C'est une histoire d'hormones, figurez-vous. Qu'est-ce qu'un aliment à fort index glycémique? C'est un aliment qui apporte du sucre à l'organisme. Cet apport stimule le pancréas qui, en réaction, crée de l'insuline (la fameuse hormone) dont le rôle est de faire baisser le taux de sucre dans le sang. Il s'agit d'une réaction en chaîne qui permet à l'insuline de réguler la concentration de glucose dans le sang.
C'est un peu scientifique, dit comme cela, mais il faut principalement retenir que chacun des aliments que nous ingérons a plus ou moins la capacité de faire augmenter notre taux de glucose dans le sang. Cette variation a un impact direct sur l'insuline qui, si elle est produite en trop grande quantité et régulièrement, aura un effet inflammatoire au niveau de la peau.
De fait, il est important de maîtriser cette notion pour vous défaire durablement des imperfections.
Pour cela, référez-vous au tableau des valeurs d'indice glycémique des aliments que vous trouverez facilement sur Internet. Sachez que les aliments sont classés sur une échelle de valeur maximale de 100. Plus un aliment aura un nombre repère élevé, plus il favorisera la montée de l'insuline. Et vous l'aurez compris, c'est exactement le contraire qui est recherché pour favoriser une peau saine.

**Voici une liste de quelques aliments ayant un indice glycémique élevé, dont il faut limiter la consommation :** sucre blanc, farine blanche, pomme de terre, produits sucrés industriels, confitures, sirop, café, chocolat au lait, alcool, sodas, confiseries, viennoiseries, ketchup…

**Passez vite à la pratique :** *Favorisez quotidiennement au minimum deux tiers des aliments à l'indice glycémique bas. Privilégiez les légumes, les fruits, les oléagineux (noix, amandes, noisettes...), les légumineuses (lentilles, pois chiche, haricots…), le tofu, le lait d'amandes, les œufs, les huiles végétales première pression à froid, le quinoa, le riz complet, le sarrasin, le chocolat noir, les olives…*

## Flore *mi amor*

Nos intestins sont reconnus comme étant notre deuxième cerveau. Ils contiennent 200 millions de neurones. Il est incroyable d'imaginer combien notre système digestif peut avoir un impact sur la qualité de notre immunité globale. D'ailleurs, nombreuses sont les personnes qui ont des troubles digestifs (ballonnements, constipation, reflux acides, perméabilité intestinale...) et souffrent de problèmes de peau. Ces désagréments vont créer un état inflammatoire et des toxines, favorisant l'apparition de boutons chez certaines personnes.
Imaginez-vous que 100 000 milliards de bactéries habitent notre tube digestif ! C'est l'écosystème le plus dense de la planète. D'où l'importance de prendre soin de sa flore intestinale et de lui permettre d'être assez équilibrée et ensemencée de bactéries pour devenir plus résistante.
En langage de naturopathie (médecine alternative de santé naturelle), on parlera d'avoir un « bon terrain ». Et ce bon terrain aura un impact concret sur la peau et l'état de santé général.

**Passez vite à la pratique :** *Faites une cure de probiotiques (milliards de souches de bactéries) sur plusieurs mois afin de réensemencer votre flore intestinale. Vous trouverez ce type de compléments sous forme de gélules ou en sachets (en pharmacie, en boutique diététique, en magasin bio ou sur des sites Internet).*

## Aliments anti-inflammatoires

À ce stade de votre lecture, je pense que vous aurez compris que l'état inflammatoire, né d'une réaction de l'organisme face aux agressions qu'il subit : alimentation non adaptée, stress, mode de vie trop sédentaire, suralimentation, dérèglements hormonaux, pollution… Ces méfaits favorisent l'apparition des imperfections de la peau.
Une alimentation qui favorisera l'inflammation, et donc les boutons, sera composée de viande riche en matières grasses, de produits de fast-food, de sucre raffiné, de farine blanche, de plats préparés, de sodas, de charcuterie, de produits laitiers...

Alors, existe-t-il des aliments connus pour leur action anti-inflammatoire ?
Oui, il en existe beaucoup. Voici les principaux : le thé vert, le curcuma, la cannelle, le chocolat noir, les légumes verts, les fruits (particulièrement les fruits rouges), l'huile d'olive, l'huile de noix, les oméga 3 contenus dans les graines de lin, de courge…
Comme vous pouvez le remarquer, cela rejoint tous les conseils alimentaires précédemment évoqués.

**Passez vite à la pratique :** *Ajoutez un peu de curcuma sur vos plats, un mélange de graines à vos salades. Mangez davantage de légumes verts et de fruits. À la place de votre soda, appréciez une bonne tasse de thé vert accompagné de quelques carrés d'un chocolat noir à plus de 70 % de cacao. Adoptez une alimentation méditerranéenne. Vous pouvez remplacer une trop grande consommation de viande rouge par des petits poissons gras, du tofu, des légumineuses, des oléagineux… N'hésitez pas à ajouter des herbes aromatiques (thym, sauge, romarin, basilic, persil...) à vos plats.*

## Aliments fermentés

Il s'agit d'un procédé ancestral de conservation des aliments qui leur permet de préserver leurs propriétés nutritionnelles (vitamines, acides aminés, protéines bio-assimilables...). Les aliments fermentés ont un impact réel sur l'équilibre de la flore intestinale et favorisent une meilleure digestion pour une peau durablement plus saine.
Connaissez-vous déjà des aliments fermentés que vous incorporez à votre alimentation quotidienne ? En voici quelques-uns : la levure de bière vivante, les fromages au lait cru, le pain complet au levain, le tamari, la sauce soja, le tofu lactofermenté, la choucroute, le miso, les olives, le kombucha, le kéfir… et tous les légumes qui sont conservés via le processus de lactofermentation (carottes, choux, betteraves…).

**Passez vite à la pratique :** *Rendez-vous dans un magasin bio et découvrez les bocaux de légumes fermentés déjà prêts à l'emploi. Ou optez pour une petite soupe miso ! Vous en trouverez aussi en magasin bio. Vous la préparerez en moins de deux minutes avant de commencer votre repas du midi ou du soir, comme les Japonais le font depuis toujours. Incorporez dès maintenant ces aliments sains dans votre quotidien.*

## L'eau

Le corps est composé à 60 % d'eau, ce qui prouve qu'on ne peut pas la négliger. Il est vraiment important de la considérer comme un apport essentiel au bon fonctionnement de l'organisme et à l'état de la peau.

L'eau permet au sang de fonctionner correctement, de réguler la température corporelle, de faciliter le travail cellulaire, d'hydrater la peau, de faciliter l'élimination des déchets et des toxines…
Lorsque l'on demande à quelqu'un : « As-tu bu aujourd'hui ? » la réponse est souvent « Oui, bien sûr ! ». Seulement, beaucoup de gens pensent qu'en buvant des sodas, des jus de fruits, du café, du thé, de la tisane, de l'eau additionnée de sirop… on boit aussi de l'eau. Dans les faits, cela n'a strictement rien à voir. Les boissons gazeuses, le café, les jus de fruits… n'apportent pas cette hydratation, cette oxygénation, cette nutrition cellulaire caractéristiques à l'eau. On ne peut la remplacer (seuls les végétaux crus en contiennent en petite quantité).
Vous devez bien comprendre que l'eau est un élément pur et naturel indispensable à l'homme. D'ailleurs, je vous encourage à être reconnaissant quotidiennement d'avoir si facilement accès à cette source de santé si prisée et de plus en plus rare dans le monde. Gardez en tête qu'une consommation raisonnable d'eau réduit significativement l'apparition de boutons, car elle empêche la prolifération des bactéries qui en sont responsables.

**Passez vite à la pratique :** *Fixez-vous l'objectif de boire huit grands verres d'eau pure dans votre journée. Buvez-en deux le matin, à midi, au goûter et le soir. Ainsi vous serez sûr d'avoir eu une dose quotidienne suffisante. Autre astuce très simple, avoir une bouteille d'un litre d'eau avec soi. La boire tout au long de la journée, et veiller à ce qu'elle soit terminée le soir venu. Surtout, ne tombez pas dans l'excès inverse de boire trop d'eau, au risque de vider votre organisme de ses précieux minéraux. Tout est une question d'équilibre.*

# La routine-soins qui a fait ses preuves

## Stop aux agressions volontaires

Gel purifiant, crème traitante spéciale peau à imperfections, eau de soin spéciale peau à problèmes, gel asséchant pour peau grasse, compositions pétrochimiques, parfum, perturbateurs endocriniens… Ces produits cosmétiques agressent la peau. Par excès, par carence de consommation ou par manque de connaissances, nous sommes nombreux à chercher coûte que coûte les soins qui vont venir à bout de nos boutons, quitte à utiliser des méthodes violentes qui ne respectent pas l'épiderme.

Peu importe la composition, peu importe l'éthique, on veut éradiquer les imperfections rapidement, et cela sans réfléchir à la bonne méthode. Mais pourquoi ne préférons-nous pas chercher à comprendre pourquoi notre peau va mal ? Quel message essaie-t-elle de nous dire ?
N'avez-vous jamais remarqué que plus vous utilisez ce type de soins spécifiques et conventionnels, plus les résultats se font attendre ? Et le résultat, c'est qu'à court et long terme, votre peau est plus sensible, réactive, elle tiraille, pèle et rougit. Ce qui vous amène à consommer davantage de produits agressifs. Un cercle vicieux qui ne fait du bien ni à votre peau, ni à votre santé, ni à votre porte-monnaie.

Comprenez que votre peau ne livre pas un combat contre vous, mais que, au contraire, elle vous demande de l'aide. Une aide basée sur l'amour, la douceur et la connaissance.
Votre peau est naturellement formidable. Soyez bienveillant envers elle en lui prodiguant des soins doux et adaptés, qui la consoleront, la cajoleront au lieu de l'agresser et de la sursensibiliser. Des soins qui auront simplement pour but de lui permettre de retrouver son équilibre en répondant à ses besoins essentiels. Pour cela, adoptez dès aujourd'hui un regard neuf sur les choix qui vont vous conduire au succès. Changez vos habitudes et ne vous laissez plus embobiner par la publicité et le marketing.

## La seule cosmétique adaptée

Pensez-vous pouvoir vous passer de ce gel moussant antibactérien, de cette lotion purifiante spéciale peau jeune ou encore de ce fond de teint anti-brillance ? Bien sûr que vous le pouvez. Et même, vous le devez.
Les produits cosmétiques adaptés à votre peau et capables de vous donner des résultats durables ne se trouvent pas en parapharmacie, en parfumerie ou en grande surface. Pourquoi ? Si vous lisez leurs étiquettes et leurs slogans racoleurs, vous comprendrez qu'ils n'entretiendront pas votre peau, mais principalement votre désir, votre compulsion d'achat. Une façon de vous rendre consommateur dépendant et non de vous offrir votre indépendance, votre liberté.

Je ne vais pas vous énoncer tous les ingrédients qui ne doivent pas composer vos soins cosmétiques. Si vous comprenez que votre peau est, au même titre que votre bouche, un organe qui mange et absorbe ce que vous lui donnez, il vous semblera évident que, tout comme vous ne mangez pas de pétrole, car cela est toxique pour votre santé, vous n'avez pas à avaler des dérivés du pétrole par le biais de votre peau.
Oui, les cosmétiques classiques sont la plupart du temps composés de dérivés du pétrole. Les huiles minérales (petrolatum, paraffinum), les PEG, PPG et les

silicones (comme ceux dont les noms se terminent par -cone ou -oxane) qui composent les crèmes, les soins nettoyants... sont nocifs pour tous les types de peaux. D'où l'importance de bien choisir ses cosmétiques.
En médecine ayurvédique (indienne), il est fortement conseillé de ne mettre sur sa peau que des soins comestibles, des soins que vous pouvez aussi manger. Sans tomber dans cet extrême, je vous propose de vous rapprocher le plus possible de cette représentation. Pour cela, renouez avec des produits cosmétiques naturels, les plus bruts possible, qui auront conservé la quintessence de leurs actifs. Ainsi vous entretiendrez durablement votre peau sans jamais l'agresser.

***Passez vite à la pratique :*** *Allez dans vos placards de salle de bain et débarrassez-vous une bonne fois pour toutes de ces cosmétiques agressifs et spécifiques qui ne font que retarder votre chemin vers la peau de vos rêves. Elle mérite bien mieux que ça. Douceur et bienveillance doivent accompagner et permettre ce changement de comportement.*

## N.T.H : trois piliers essentiels pour entretenir sa peau en santé

Nettoyer, Tonifier et Hydrater : voilà les trois besoins originels qui permettent de garder une peau naturellement saine et équilibrée.
Pas besoin de la surstimuler, de la surcharger, de l'agresser par des soins mal choisis ou hypercIblés, il suffit de comprendre et d'assimiler ces trois piliers pour ne plus jamais vous tromper. Voyons cela en détail...

### Nettoyer et démaquiller

Notre peau vit et respire, elle doit s'adapter aux agressions, à la pollution, aux germes, au maquillage qui viennent perturber son équilibre. C'est pour cela que le nettoyage et le démaquillage sont si importants. Des gestes indispensables, qui doivent cependant rester assez doux pour ne pas désorganiser la peau, sa flore, son pH.

### Tonifier

Le tonique est une base liquide qui finalise le nettoyage en apportant de l'éclat, de l'hydratation et offre une action ciblée selon les besoins de la peau.

### Hydrater et nourrir

Notre peau est naturellement fantastique. Dans un monde parfait, elle pourrait se contenter d'une bonne hygiène de vie, d'un régime alimentaire équilibré, riche en eau, en bons acides gras, en vitamines et oligoéléments qui, bien harmonisés entre eux, sauraient subvenir à tous ses besoins par l'intérieur. Cependant, aujourd'hui, notre environnement extérieur est souvent très, voire trop agressif, ce qui perturbe en profondeur l'équilibre de la peau. Il est donc important de

soutenir son hydratation par des soins adaptés qui permettront à l'eau contenue dans les briques de notre épiderme d'être retenue par un ciment lipidique de qualité. Et qui dit « lipides » dit « gras ».
Pour faire simple, dans une crème hydratante le composé hydratant ne sera pas le composé « eau », mais plutôt le composé « gras » qui va sceller l'eau contenue dans les briques cellulaires et atténuer la perte en eau de la peau. Ces soins hydratants/nourrissants n'auront pas pour seul rôle celui d'améliorer notre peau, ils feront aussi office de film protecteur tout au long de la journée.

## Et mon type de peau dans tout ça ?

Vous pouvez souffrir de boutons et ne pas avoir pour autant une peau grasse ou mixte. Beaucoup d'imperfections sont aussi dues à une peau trop sèche qui, par effet boomerang, va sécréter plus de sébum. Saviez-vous que vous pouvez aussi bien avoir une peau grasse déshydratée qu'une peau sèche déshydratée ? Il y a de quoi s'y perdre, n'est-ce pas ?
Heureusement, l'approche de soins que vous allez découvrir ici, et que vous mettrez en place tout au long de la lecture de ce livre, aura des actions spécifiques pour toutes les peaux. Il faut retenir que tout ce qui apportera de la douceur et de la bienveillance à la peau et qui sera articulé sur ses trois besoins fondamentaux (N.T.H. voir p. 18) permettra d'améliorer son équilibre.

**Les différents types de peaux**
**Peau grasse :** Peau épaisse, pores visibles d'aspect huileux, brillante, souvent terne.
**Peau mixte :** La zone grasse est le plus fréquemment sur la zone T (front, nez, menton). Certaines personnes auront les joues grasses et la zone T plus sèche.
**Peau sèche :** Peau fine, inconfortable, rêche, qui pèle, qui tiraille… souvent très sensible aux changements climatiques. Elle marque assez facilement et est plus sujette aux rides.
**Peau sensible :** Qui est réactive et qui a facilement des rougeurs, de petits vaisseaux apparents. Avec des sensations de démangeaison, de brûlure, de chaleur.
**Peau mature :** Qui a perdu son élasticité. Elle va facilement être plus ridée et plus relâchée.
**Peau normale :** La peau dont tout le monde rêve. C'est un peu la peau idéale qui est juste jolie, saine et confortable.

***Passez vite à la pratique :*** *Offrez-vous un petit carnet pour noter les changements que cette nouvelle routine de soins et cette nouvelle hygiène de vie auront apportés à votre peau.*

# La routine du matin

Commençons les choses dans l'ordre d'une journée ordinaire. C'est le matin et vous vous apprêtez à vous occuper de votre peau.

**IMPORTANT :** Lavez-vous les mains à l'eau et au savon chaque fois que vous prenez soin de votre peau. Cela permet de ne contaminer avec des bactéries ni votre peau ni les produits que vous utilisez.

## Nettoyer sa peau

Vous avez peut-être l'habitude de vous nettoyer le visage avec un soin moussant et de l'eau ? Ou encore avec un lait, un sérum, une eau micellaire ?
Encore une fois, ces soins, même bio, sont des produits cosmétiques transformés qui entravent inutilement l'équilibre de votre peau. Souvenez-vous : produits bruts et naturels, bienveillance et douceur sont des clés pour vous apporter une peau nette et saine sur le long terme.

« Et si je me lave à l'eau et au savon ? C'est bien, non ? »
En effet, c'est une bonne façon de se nettoyer le visage. Cependant, cette approche reste assez agressive pour la peau, particulièrement à cause de l'eau.

### Le problème avec l'eau du robinet

L'eau de nos robinets est aujourd'hui particulièrement « dure ». Cela signifie que par sa composition, elle irrite et fragilise l'épiderme qui devient de plus en plus réactif et sensible. Qui n'a jamais ressenti de tiraillements, de démangeaisons, d'irritations après

s'être lavé le visage à l'eau du robinet? Ces maux, malheureusement, sont rarement attribués à la qualité de l'eau utilisée. Chez certaines personnes, l'eau du robinet sera d'ailleurs une source directe de boutons. Pour votre routine du matin, oubliez totalement l'eau, le savon, les lotions, les gels, les laits, les nettoyants spécifiques…
Retenez qu'au réveil, si vous avez effectué correctement la routine du soir qui comporte l'étape du double nettoyage (p. 25), vous n'avez pas la peau sale. Vous n'avez qu'à retirer la transpiration et les quelques toxines que votre corps aura évacuées dans son processus de nettoyage naturel, mais rien d'autre.
Pour ce petit débarbouillage matinal, une simple eau florale et un disque de coton démaquillant suffiront pour vous rafraîchir.

**Le bon geste :** Appliquez plusieurs sprays d'eau florale sur votre visage et passez immédiatement, avec des gestes doux, un coton démaquillant bio (ou une lingette démaquillante lavable). Continuez jusqu'à ce qu'il n'y ait plus de résidus visibles sur votre coton.

### Une eau florale, qu'est-ce que c'est?

L'eau florale (ou hydrolat) ne doit pas être confondue avec les huiles essentielles. Il s'agit d'une distillation à la vapeur de plantes récupérée lors de la fabrication des huiles essentielles. Les huiles essentielles sont beaucoup plus concentrées en actifs et il faut prendre beaucoup de précautions quand on les utilise. À l'inverse, les eaux florales et hydrolats sont bien mieux tolérés et doux pour l'épiderme, car ces eaux aromatiques ont un pH proche de celui de la peau. Par leurs qualités rafraîchissantes, hydratantes, tonifiantes, elles sont des références pour les soins. Elles sont les lotions les plus adaptées pour prendre soin de sa peau en douceur.

## Hydrater sa peau

Je vais vous révéler ici un combo pour entretenir durablement sa peau et se prémunir des imperfections : un trois en un, vraiment efficace. L'idée est très simple. Il vous faut seulement trois ingrédients. Chacun aura un rôle clé et permettra la parfaite synergie pour créer un soin très doux, mais actif.

### Les trois ingrédients du « *combo* gagnant » pour hydrater sa peau

Voici, étape par étape, la routine de soins qui va vous permettre d'obtenir une peau plus saine. Elle a pour base les trois piliers essentiels dont la peau a besoin pour garder et entretenir son équilibre : « Nettoyer, Tonifier et Hydrater ».

**L'eau**

La peau a besoin d'eau à l'intérieur, mais ici vous allez lui en apporter par l'extérieur et la sceller par l'apport d'un corps gras de qualité. En effet, vous venez de vous nettoyer le visage avec une eau florale. À nouveau, humectez-vous plusieurs fois le visage avec des sprays et ne l'essuyez pas. Gardez votre peau bien humide pour appliquer la suite du soin.

**Le gel d'aloe vera et l'huile végétale première pression à froid biologique**
Munissez-vous de ces deux produits 100 % naturels. Ils vous permettront de créer une émulsion à appliquer directement sur votre peau pour l'hydrater et la nourrir. Recueillez deux pressions de gel d'aloe vera et ajoutez-y deux ou trois pressions d'huile végétale (de votre choix, voir p. 23). Du bout du doigt, mélangez les deux ingrédients puis appliquez ce mélange directement sur votre peau encore humide. Faites-le pénétrer en vous massant doucement le visage sans oublier le cou.
C'est tout? Oui, c'est tout. Votre peau est maintenant hydratée et nourrie, avec un soin minimaliste, mais très efficace et de haute qualité car vous avez su privilégier des matières premières brutes sans que leur potentiel soit altéré par d'autres ingrédients : additifs, alcool, parfum, pétrochimie, conservateurs... Vous allez rapidement pouvoir en apprécier les bénéfices sur votre peau qui va vraiment savourer le fait que vous lui apportiez exactement ce dont elle a besoin avec bienveillance et douceur.

**À savoir :** Cette routine de soins est non seulement parfaite pour votre peau, mais aussi pour la planète, car tous les soins qui la composent sont naturels et biodégradables.

## Qu'est-ce donc que le gel d'aloe vera?

C'est un gel qui provient d'une plante connue depuis plus de 5000 ans pour ses vertus médicinales. Ce gel est à la fois nourrissant, hydratant, régénérateur et protecteur de l'épiderme. On peut par exemple l'appliquer sur les coups de soleil ou les brûlures. Il est aussi parfait pour lutter contre de nombreuses affections de peau comme l'eczéma, le psoriasis, l'acné... Vous pourrez facilement en acheter sur des sites de vente en ligne ou encore en magasin bio au rayon des cosmétiques. Faites cependant très attention : choisissez un gel d'aloe vera 100 % naturel. Il ne doit surtout pas contenir d'ajouts de parfum, d'alcool...

## Les huiles végétales sans prise de tête

Les huiles végétales sont des élixirs pour la peau. Selon une idée reçue, mettre de l'huile sur son visage c'est apporter plus de gras et donc avoir davantage de boutons... C'est faux! En effet, c'est une conception totalement erronée et vous allez vite découvrir qu'il existe un large choix d'huiles végétales, mais aussi qu'elles ont toutes des propriétés ciblées pour répondre à de nombreux besoins de la peau.

## L'huile végétale est excellente pour la peau si on sait bien la choisir

La première règle en matière d'huile végétale est qu'elle soit étiquetée « première pression à froid », mention importante, qui garantit que ses qualités sont préservées. Deuxièmement, elle doit être biologique. Et pour finir, elle ne doit contenir que et seulement que l'huile choisie. Une huile végétale de qualité n'a besoin d'aucun additif, parfum ou conservateur. Ce sont donc ces trois points qui, bien respectés, vous permettront d'avoir pleine satisfaction en utilisant des huiles végétales pour votre visage.

## Petit guide des huit huiles végétales pour peaux à imperfections

**L'huile de jojoba :**
Elle régule la production du sébum. De couleur jaune doré, son odeur est discrète. Elle s'adapte à tous les types de peaux.

**L'huile de noisette :**
Avec son agréable odeur de noisette, elle pénètre facilement dans l'épiderme. Elle est particulièrement adaptée aux peaux grasses.

**L'huile de macadamia :**
Elle a une odeur gourmande de noix de macadamia. Malgré sa texture plutôt épaisse, elle pénètre parfaitement dans l'épiderme sans laisser de film gras. Cette huile convient aux peaux mixtes, grasses, déshydratées et même fragiles.

**L'huile de nigelle :**
C'est la panacée pour celles et ceux qui souffrent de boutons, même sévères. Elle a une odeur caractéristique de cumin noir. Elle est reconnue pour son efficacité anti-imperfections. Un vrai soin purifiant !

**L'huile d'argan :**
Régénérante et restructurante, elle est riche en antioxydants et lutte efficacement contre les inflammations. Elle est parfaite pour les peaux sèches et hydrate en profondeur.

**L'huile de calophylle :**
Anti-rougeurs, drainante, anti-inflammatoire et cicatrisante… elle a tout pour elle. De couleur verdâtre, un peu épaisse, mais ayant de bonnes qualités de pénétration, elle est idéale pour les peaux à imperfections, grasses, mixtes ou sèches.

**L'huile de sésame :**
Très réputée en soins de médecine ayurvédique, elle aide à contrôler et à neutraliser les toxines qui prolifèrent à la surface de la peau. Elle permet de lutter contre les imperfections et apporte de la souplesse à la peau.

**L'huile de chanvre :**
D'une belle couleur verte et à l'odeur herbée, elle est une bonne alliée. Estompe les rougeurs, tonifie et unifie le teint. C'est un bon anti-inflammatoire. Elle est cependant fragile à l'oxydation et elle doit impérativement être conservée dans une bouteille opaque et au frigo (à l'abri de l'air et de la lumière).

Avec le choix ciblé de ces huiles végétales première pression à froid et bio, vous avez toutes les cartes en mains pour vous créer le soin parfait qui vous aidera à retrouver une peau saine.

Où acheter une huile végétale de qualité ?
Au rayon épicerie des grandes surfaces ou dans les magasins biologiques. Vous pouvez aussi les trouver au rayon beauté des magasins bio. Ou encore directement sur Internet sur des sites de vente en ligne.

**Informations importantes sur l'utilisation des huiles végétales**

- Appliquez toujours l'huile végétale sur une peau propre
- Appliquez toujours l'huile végétale sur une peau humide
- Prenez le temps de masser votre peau en faisant des gestes doux. (Voir massage p. 28).
- Lorsque vous venez d'appliquer de l'huile végétale sur votre visage, attendez 2 à 3 minutes avant de vous maquiller.

## Récapitulatif de la routine du matin

1. Je me nettoie avec du coton bio ou lingette lavable et de l'eau florale.
2. J'humecte mon visage avec un spray d'eau florale.
3. Je mélange du gel d'aloe vera et de l'huile végétale dans la paume de ma main puis j'applique ce mélange sur mon visage encore humide pour créer une émulsion directement sur ma peau et je masse en douceur mon visage.

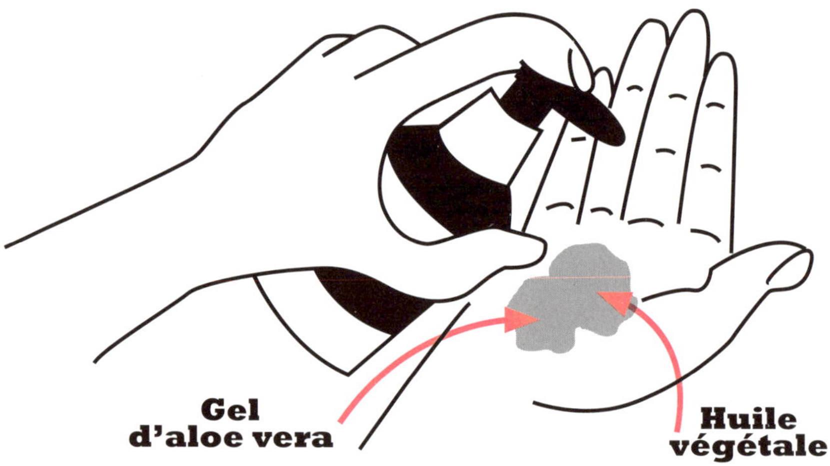

### Peau très sèche et déshydratée, comment bien choisir une crème hydratante ?

Votre peau est vraiment trop sèche ? Le combo proposé ne semble pas vous suffire ? Que faire ?

Il est possible que vous ayez la peau particulièrement déshydratée. Si elle donne toujours des signes de faiblesse (tiraillements, desquamation…), vous aurez besoin d'une crème hydratante supplémentaire.

Opter pour une crème de qualité biologique avec des composants naturels pour peau sèche ou mature (qui peut aussi être une bonne option même si vous n'avez pas un âge avancé). Comme expliqué précédemment, il est important que la liste des ingrédients contenus dans cette crème soit la plus courte possible.

N'hésitez pas à vous diriger vers des crèmes qui contiennent des huiles végétales comme l'argan, l'amande, la figue de barbarie, la carotte, la bourrache, l'onagre, l'avocat, le beurre de karité, le lait d'ânesse… Vous pouvez aussi, à la place d'une crème hydratante, opter pour une petite noisette de beurre de karité 100 % naturel (soyez très regardant sur la qualité du beurre de karité : il doit être jaune, avoir une odeur caractéristique et fondre facilement à la température du corps). Vous le réchaufferez en frottant vos mains et l'appliquerez avec des gestes doux sur l'ensemble de votre visage et de votre cou.

# La routine du soir

La journée se termine : il est temps de nettoyer votre peau en profondeur, de la tonifier et de l'hydrater. Quel sentiment agréable de pouvoir retirer la transpiration, la pollution, les bactéries, le maquillage qui sont venus alourdir votre épiderme ! Cette routine de soin spécifique pour le soir va vous offrir le sentiment libérateur d'une peau qui respire.

**IMPORTANT :** Lavez-vous les mains à l'eau et au savon chaque fois que vous prenez soin de votre peau. Cela évite de contaminer votre peau et les produits que vous utilisez avec des bactéries.

## Le double nettoyage

« Double nettoyage », dit comme ça… cela semble un peu complexe. C'est pourtant très simple, d'autant qu'il s'agit d'une étape essentielle pour votre nouvelle routine de soins. Vraiment, soyez certain que cette étape fait déjà à elle seule la moitié de votre réussite. Cette approche nous vient de la routine de soin des Japonaises auquel j'ai dédié tout un livre, Layering, Secret de beauté des Japonaises, dont je vous recommande la lecture.

## En quoi consiste le double nettoyage ?

Il a pour fonction de nettoyer votre peau en profondeur sans jamais l'agresser. Il faut savoir que dans tous les soins démaquillants/nettoyants, c'est le composant gras qui déloge les impuretés, les pollutions, les microparticules, les bactéries qui se sont accumulées tout au long de la journée.

**Étape 1 : Premier nettoyage**

Utilisez une huile végétale de première pression à froid, qui va déloger toutes les impuretés en profondeur. Cela peut vous sembler surprenant au premier abord, mais essayez et vous allez vite comprendre. Le corps gras est non seulement très efficace, mais surtout, il préserve la peau de toute agression. Ce nettoyage à l'huile convient à toutes les peaux.

Je vous conseille d'opter pour l'huile de noix de coco biologique, l'huile d'olive première pression à froid, l'huile de colza ou encore l'huile de pépins de raisin première pression à froid. Ce sont des huiles de qualité et pas trop chères.

**Les bons gestes**

Prenez une bonne noix d'huile (cela équivaut à environ une cuillerée) et, sur peau sèche, appliquez-la sur l'ensemble de votre visage et de votre cou avec des mouvements doux et circulaires, en utilisant la pulpe de vos doigts (pas avec les ongles). Profitez-en pour vous masser délicatement le visage. Puis rincez-le à l'eau claire et tiède.

**Le démaquillage**

Ce premier nettoyage à l'huile a la particularité de retirer n'importe quel maquillage, même waterproof. Appliquez l'huile directement sur votre visage maquillé et massez-le. N'appliquez pas directement l'huile sur vos yeux : prenez un coton démaquillant bio ou une lingette démaquillante lavable que vous imprégnerez d'huile. Passez délicatement le coton imbibé sur vos yeux fermés. Vous verrez qu'après plusieurs passages, vos yeux seront démaquillés en douceur.

**Rappel : Cinq huiles végétales à privilégier pour un bon démaquillage**

– Huile de sésame
– Huile de noix de coco
– Huile d'olive
– Huile de pépins de raisin
– Huile de colza

**Étape 2 : Le deuxième nettoyage**

Pour cette dernière étape du double nettoyage, il suffit de prendre un savon très doux noté « première saponification à froid » et de l'eau claire, puis de vous savonner le visage. Terminez par un bon rinçage à l'eau tiède. Cette étape a non

seulement pour effet de retirer l'huile, mais aussi toutes les impuretés, pollutions, bactéries et dernières traces de maquillage.
Cette fois-ci, vous allez ressentir une impression de peau propre inégalée tout en ayant déjà une sensation de velouté due à la nutrition apportée par l'huile. Ce qui est intéressant dans cette seconde étape, c'est que l'eau du robinet, souvent agressive pour la peau, le sera beaucoup moins, car elle sera filtrée par l'huile utilisée dans l'étape du premier nettoyage.

***Passez vite à la pratique :*** *Débarrassez-vous totalement et définitivement de tous les bidules nettoyants, moussants, sérums nettoyant trucs, laits démaquillants, eau micellaire… aussi jolis et à la mode soient-ils. Tous ces produits industriels transformés ne vous apporteront jamais la douceur et l'efficacité de l'étape du double nettoyage telle qu'elle est énoncée ici.*
*Ne vous trouvez pas d'excuses. Tous ces soins que vous avez eu l'habitude d'utiliser sans résultat durable contiennent tous des ingrédients nocifs et corrosifs. Votre peau n'en a vraiment pas besoin.*

## L'hydratation

Reproduisez le même soin hydratant que dans la routine du matin (voir p. 20).
En voici tout de même un petit rappel.

### Le bon geste

Aspergez votre visage à l'aide du spray d'eau florale, puis dans la paume de votre main, effectuez 2 pressions de gel d'aloe vera et ajoutez par-dessus, 2 ou 3 pressions d'huile végétale (de votre choix, voir p. 23). Du bout du doigt, mélangez les deux ingrédients au creux de votre main, puis appliquez votre mélange directement sur votre peau encore humidifiée, en le faisant pénétrer par un massage doux de votre visage et de votre cou.
C'est tout ? Oui, c'est tout. Cette routine du soir permet à votre peau de recevoir un nettoyage profond tout en douceur puis un soin hydratant bienveillant et adapté. Un rituel de soin minimaliste, mais très efficace, car vous avez su privilégier des matières premières brutes sans que leur potentiel soit altéré par d'autres ingrédients : additifs, parfum, pétrochimie, conservateurs… Vous allez très vite pouvoir en apprécier les bénéfices.

**À savoir :** Cette routine de soins est non seulement parfaite pour votre peau, mais aussi pour la planète, car tous les soins qui la composent sont naturels et biodégradables.

### Quatre règles d'or pour bien choisir ses cosmétiques bienveillants

– Lire avec soin les étiquettes et la liste des produits utilisés dans la composition du soin

– Un bon produit ne doit contenir que des ingrédients d'origine végétale et naturelle.
– Exclure tous les composés synthétiques, alcools, parfums, colorants, additifs chimiques et pétrochimiques, huiles minérales…
– Préférer toujours la qualité des matières premières contenues dans un produit plutôt que l'esthétique d'un packaging.

# Les petits plus qui font la différence

## Trop, c'est trop… ou comment suivre le rythme des saisons

Nous sommes nombreux à nous éparpiller dans notre façon d'aborder notre routine de soins. Changer, tester, essayer des tas de produits différents, même bio et naturels, tous les jours, toutes les semaines, tous les mois... ne fera que vous éloigner de la peau de vos rêves. Vous n'allez pas garder les mêmes produits de soin toute votre vie, mais la peau apprécie la constance. Apprenez à être fidèle à vos cosmétiques naturels. Vous pouvez tout à fait changer de produits par goût, mais suivre le rythme des saisons sera déjà un changement bien suffisant.

## Le massage lymphatique du visage

Quoi de plus agréable et délassant que de prendre quelques minutes pour se masser le visage ? En effet, ce geste n'a pas seulement pour effet de délasser les traits, mais il rend aussi la peau plus saine en luttant efficacement contre les imperfections. En activant la microcirculation, le massage favorise le transport des nutriments, permet une meilleure oxygénation des tissus...
Pas besoin de prendre des cours, il suffit de comprendre les mouvements de base et de les appliquer lorsque vous faites pénétrer votre soin hydratant.
Le massage proposé est un massage lymphatique du visage. Il consiste à faire bouger la lymphe et donc à permettre aux toxines d'être évacuées non

pas par la peau du visage, mais par d'autres portes de sortie du corps. La lymphe est un liquide qui draine les déchets et les toxines. Souvent, elle est surchargée, et si l'on ne lui permet pas de bien circuler, cela peut causer, entre autres, des boutons.
Pour l'aider dans son travail de nettoyage, l'idée est donc de la guider manuellement vers des ganglions lymphatiques qui se situent de chaque côté du cou, de manière à filtrer et à éliminer les toxines et les débris qu'elle transporte. Ce massage n'a pas besoin d'être très long. De plus, votre soin hydratant (voir p. 20) contenant une huile végétale va permettre de faire glisser facilement vos doigts sur votre peau.
Gardez en tête de toujours ramener vos gestes vers vos oreilles et de les accompagner ensuite, en descendant, le long de votre visage, de votre cou, jusqu'en haut de votre torse (voir illustration page de gauche).

## Le brossage à sec

Vous possédez sûrement déjà une brosse à dents, une brosse à cheveux. Mais avez-vous une brosse pour le corps ? En effet, le brossage à sec du corps fait partie des astuces de beauté qui ont un impact bluffant sur la peau du visage. Vous me direz peut-être que vous ne comprenez pas le lien entre la peau du corps et le soin du visage ? Pour le comprendre, il faut savoir que notre peau est le plus grand de nos émonctoires (portes de sortie des toxines) et qu'elle a pour fonction d'éliminer en permanence un bon nombre de toxines. Le brossage à sec l'aide dans ce processus d'élimination, et contribuera à lui donner un aspect visiblement plus sain. Il faudra vous y consacrer cinq petites minutes par jour et être muni d'une brosse en poils naturels.

**En brossant votre corps, vous pourrez :**
- Exfolier votre peau en la débarrassant de ses peaux mortes
- Avoir une meilleure circulation sanguine et lymphatique
- Permettre à votre peau de mieux se débarrasser des toxines
- Avoir une peau plus douce
- Lutter efficacement contre l'acné (les toxines seront évacuées plus facilement, vous aurez moins de boutons)
- Renforcer votre système immunitaire
- Lutter efficacement contre la cellulite

**Quelle brosse choisir ?**
Une brosse en bois avec des poils naturels et doux (en soie par exemple). Pour ma part, je préconise de choisir une brosse ronde ou ovale avec un manche. Cela peut tout simplement être une brosse à cheveux si elle remplit ces conditions.

**Quels sont les gestes à suivre ?**

Sur une peau sèche, commencez toujours par le bas du corps (les pieds) en remontant par des gestes circulaires, souples et doux vers le cœur. Comme pour le massage lymphatique du visage, il faut faire remonter et terminer ses gestes vers les ganglions lymphatiques (zone de recyclage des déchets). Ils se situent aux plis de l'aine, sous les aisselles et de chaque côté du cou. Donc, ne vous brossez pas vers les pieds. Le sang et les toxines doivent affluer vers les ganglions lymphatiques et vers le cœur, non l'inverse. Surtout, n'y allez pas trop fort, il ne s'agit pas d'avoir mal ou de décaper la peau. L'essentiel réside dans la régularité et la douceur. Vous verrez, votre peau sera visiblement plus saine. Bien sûr, il est bon de le préciser, le brossage à sec ne concerne pas le visage. Mais n'oubliez pas la plante des pieds, les mains, les ongles, la nuque…

**Y a-t-il des contre-indications ?**

Ce brossage est fortement déconseillé aux personnes ayant une maladie de cœur, beaucoup de varices ou aux femmes enceintes. En cas de doute, demandez conseil à votre médecin ou à votre naturopathe.

## Jamais sans mon camouflage

Stick correcteur, fond de teint, poudre, crème teintée, BB crème… il vous semble impossible de sortir sans ces produits tant vous avez honte d'exposer vos problèmes de peau.

Montrer un bouton, des boutons, quelques rougeurs… c'est un peu comme se mettre à nu devant tout le monde. C'est se montrer fragile pour les uns, se sentir laids pour d'autres, ou cela exprime que l'on n'est pas bien au-dedans et que cela se voit à l'extérieur.

Alors oui, vous estimez peut-être que vos camouflages sont vos bouées de sauvetage et que sans eux vous êtes perdue. Mais ces solutions sont-elles aussi inoffensives que vous le pensez ?

Chercher à camoufler à tout prix ses imperfections, c'est entraver le processus d'auto-guérison de la peau. Comme tout organe, elle a besoin d'oxygène pour se renouveler. Elle doit respirer. En appliquant quotidiennement des produits de maquillage industriels et transformés, vous venez simplement « en rajouter une couche ». Mais une couche de quoi ? Une couche de toxiques, de conservateurs, de parfum, de dérivés de la pétrochimie... Une couche qui étouffera les pores, nourrira l'inflammation et fera proliférer les bactéries sur la peau. Sans parler des pinceaux de maquillage, les éponges, les houppettes, véritables nids à microbes ! Ces derniers, quotidiennement mélangés et réintroduits sur la peau, créent toujours plus de problèmes. Quel dommage !

Le maquillage et les produits de camouflage sont donc nocifs et à proscrire autant que possible. Apprenez à vous en défaire, comme un fumeur apprend à se défaire

de son addiction à la cigarette. Gardez en tête qu'être accro au maquillage a un impact malheureux sur l'estime de soi. Combien de jeunes filles et de femmes ne savent plus se trouver belles sans ce masque ?
Un maquillage bien choisi doit rester léger, occasionnel ou festif. Vous pouvez parfaitement vous maquiller les yeux et la bouche tout en légèreté, mais laissez votre peau tranquille le plus souvent possible et elle vous le rendra au centuple. Faites-vous confiance, aimez-vous davantage et déliez ces chaînes qui vous retiennent captive dans l'idée que vous n'êtes pas assez belle au naturel.

### Et le maquillage minéral dans tout ça ?

Il est très à la mode et très vendeur, car son côté naturel donne bonne conscience à ses utilisatrices. En effet, un vrai maquillage minéral est moins nocif pour la peau qu'un maquillage plus classique. Cependant, de nombreuses clientes se font duper par les accroches commerciales, sans prendre le temps de vérifier les composants exacts dudit produit.

**Comment bien choisir un maquillage minéral ?**
Celui-ci doit contenir essentiellement des minéraux. En effet, les faux maquillages minéraux contiennent des additifs qui les rendent irritants.
Un maquillage 100 % minéral entrave la prolifération des bactéries. Il est ainsi beaucoup mieux toléré. Sachez aussi qu'il n'existe pas de maquillage minéral liquide ni de crème minérale. Un vrai maquillage minéral sera toujours vendu sous forme de poudre. À vous d'être particulièrement vigilante pour ne pas être trompée par les publicités mensongères.

## 100 % peau neuve

La bonne nouvelle est que si vous suivez les conseils de ce livre, vous constaterez très vite des bénéfices tels que vous n'aurez plus rien à camoufler. Lorsque l'on a une peau saine, on n'a plus besoin de la cacher sous des couches de fond de teint, de poudre... Que de liberté et d'économies ! Vous pourrez enfin apprécier le fait d'avoir une jolie peau en bonne santé sans produits ajoutés.
Mais pour cela, il faut faire les choses dans l'ordre et votre peau doit d'abord avoir le temps de s'équilibrer et de guérir. Laissez-la respirer dès maintenant !

## Le bouton blanc, je l'éclate ?

Qui n'a pas entendu dans la bouche de ses parents : « Surtout ne jamais toucher, gratter et encore moins éclater un bouton blanc ! ». Il y a aussi les amis qui disent : « Tu ne peux pas sortir avec ça, c'est immonde. Il faut l'éclater, ton truc ! »
Alors, qu'est-ce qu'on fait ?

Il est évident que ne pas toucher un bouton blanc est de loin la meilleure solution. La peau a un processus de nettoyage et de cicatrisation qui fait que la tête blanche finira par partir toute seule. Si vous n'y touchez pas, le bouton disparaîtra plus vite et ne laissera pas de cicatrice. Décider de garder son bouton blanc et l'exposer aux yeux des autres n'est pourtant pas si simple. On s'imagine en effet honteusement que toutes les personnes que l'on va croiser vont avoir le nez sur cette protubérance disgracieuse.
Il est aussi vrai qu'un bouton blanc peut parfois se faire plus discret qu'un bouton rouge sang tout fraîchement explosé. Mais je pense que tout est une question de taille. Un minuscule bouton blanc n'aura aucun mal à se faire oublier et à finir son petit bout de vie en silence.
Mais la grosse tête d'épingle ? Comment faire si on a un entretien d'embauche, un rendez-vous amoureux ou une sortie entre amis ? Oui, quelles sont les solutions ? Faut-il absolument l'éclater ?
En société, il semble qu'un bouton rouge-sang-séché passe mieux qu'un bouton blanc prêt à exploser. Alors si vous voulez vraiment vous en débarrasser, voici la feuille de route pour le percer (sans trop de dégât).
Attention, c'est une manipulation sensible qui demandera doigté, rapidité et conviction.

- Lavez-vous bien les mains et nettoyez préalablement votre visage.
- Éclatez le bouton qui a une belle tête blanche (surtout pas avant, ce serait la cicatrice assurée) en un coup, voire deux, grand maximum. Pas plus, vous vous charcuteriez (c'est surtout ce qu'il faut éviter).
- Ensuite, relavez-vous les mains.
- Ne mettez pas une crème hydratante par-dessus, vous reboucheriez directement le pore. Passez délicatement sur le tour du bouton un coton-tige imbibé d'eau florale de lavande ou de citron, pour retirer les bactéries qui se seraient propagées.
- Avec un mouchoir en papier neuf, épongez très délicatement le suintement. Surtout, faites attention de ne pas toucher votre peau avec une partie du mouchoir souillé.
- Finissez avec une toute petite goutte d'huile essentielle de Niaouli*, de Géranium rosa* ou d'huile essentielle de lavande*... qui sera parfaite pour désinfecter et atténuer l'effet rouge (*à ne pas utiliser si vous êtes enceinte ou allaitante). Si vous n'avez pas d'huile essentielle, une goutte de jus de citron ou de vinaigre de cidre fera l'affaire.

Vous l'aurez compris, rapidité, efficacité et soins sont les maîtres mots.
Surtout, ne vous appesantissez pas sur ladite protubérance. N'oubliez pas que plus vous serez doux avec votre peau, mieux elle vous le rendra.

**ATTENTION :** Évitez de faire un gommage juste après avoir éclaté un bouton, car vous déplaceriez les bactéries ailleurs sur votre visage. Et si vous avez un bouton blanc bien mûr et un rendez-vous important le lendemain, passez à l'action la veille au soir plutôt qu'une heure avant le rendez-vous. Le bouton sera moins enflammé, car il aura eu le temps de se résorber et de s'assécher.

### Le bain de vapeur

Cette méthode consiste à mettre son visage au-dessus d'un bol d'eau très chaude, tellement chaude qu'elle dégage de la vapeur. Le bain de vapeur va déloger les impuretés en profondeur et vous permettre de lutter efficacement contre les boutons. C'est un moment pour soi plutôt agréable. Pour une efficacité encore plus ciblée, il est conseillé d'ajouter des herbes aromatiques ou des plantes séchées.

**Passez à la pratique :** Dans une casserole, faites bouillir un grand volume d'eau accompagnée d'une poignée d'herbes aromatiques ou de fleurs séchées (thym, romarin, ortie, basilic, camomille, lavande…). Une fois que l'eau bout et commence à dégager de la vapeur, retirez-la du feu et versez-la dans un large saladier. Asseyez-vous et penchez votre tête, recouverte d'un torchon ou d'une serviette, au-dessus du saladier (votre visage doit être à plus de 20 cm de la surface de l'eau). Relaxez-vous ainsi pendant 10 minutes puis relevez la tête. Votre visage est rouge et humide. Surtout, ne le frottez pas, car les pores sont ouverts et les bactéries sont de sortie. Épongez délicatement votre peau humide, par petits tapotements, avec un mouchoir ou une serviette propre. Puis nettoyez votre visage tout en douceur.
Défi peau boutonneuse : Offrez-vous un bain de vapeur une fois par mois.
Défi peau très boutonneuse : Offrez-vous un bain de vapeur une fois par semaine.

●●●

## Solutions cicatrices

Il arrive parfois que les boutons laissent une trace sur le visage. Heureusement, des solutions simples et naturelles existent pour lutter contre ce type de marques disgracieuses.

### Agir sur les cicatrices en interne

Tout d'abord, il faut savoir que le corps a un processus de cicatrisation extraordinaire. Une hygiène de vie inadaptée et des carences peuvent entraver durablement ce processus de régénération.
Gardez toujours en tête que les soins locaux ne suffisent pas.
Pour favoriser la cicatrisation, il sera important d'apporter à votre organisme, par le biais de l'alimentation, assez de vitamines A, E, C…, des minéraux et particulièrement du Zinc qui aura un rôle clé dans la cicatrisation. L'eau aussi sera votre alliée, car en améliorant la circulation du sang, les échanges sanguins seront plus efficaces, ce qui favorisera la réparation de l'épiderme.

***Passez à la pratique :*** *Privilégiez les légumes verts et colorés, les fruits mûrs, l'eau pure et consommez quotidiennement une poignée de graines de courge qui est un parfait pourvoyeur de Zinc (très assimilable par l'organisme) pour améliorer durablement la cicatrisation de votre peau.*

## Agir sur les cicatrices en externe

En matière de soins à appliquer directement sur votre peau, trois cures ont fait leurs preuves :

### Le miel

Il est un profond régénérateur des cellules et un réparateur efficace de l'épiderme. Pour en préserver tous les bienfaits, choisissez du miel de France et si possible biologique. Votre pot de miel ne doit contenir que du miel, rien d'autre.
Aujourd'hui, on peut trouver du miel de manuka, qui est un produit d'exception. Il fait beaucoup parler de lui, car il a une composition unique et est particulièrement riche en bienfaits. Son prix est en rapport avec sa haute qualité, mais il ne vaut pas plus cher qu'un pot de crème haut de gamme. Si votre budget vous le permet, foncez.

***Passez à la pratique :*** *Sur un visage préalablement nettoyé, appliquez le miel comme un masque sur les zones à traiter et laissez agir une demi-heure. À l'application, c'est très collant, mais cela n'en est pas moins efficace, alors il faut faire avec. Pour les moins doués, mélangez dans un petit bol une cuillerée de miel avec une cuillerée de gel d'aloe vera. Vous aurez alors une mixture plus souple à étaler. Je vous conseille tout de même de rester allongé, le temps de votre soin. Rincez à l'eau tiède et au savon doux. Vous pouvez réaliser ce type de masque plusieurs fois par semaine jusqu'à amélioration de l'état de votre peau.*

### La pomme de terre

Il n'est pas conseillé pour votre peau de consommer trop des frites, mais vous pouvez appliquer de la pomme de terre sur votre visage. Cela peut sembler très farfelu, mais les résultats sont vraiment probants. La pomme de terre, par sa richesse en oligoéléments (potassium, phosphore, soufre...), active la cicatrisation de la peau. Elle permet aussi de resserrer les pores et rend le teint plus lumineux.

***Passez à la pratique :*** *Prenez une pomme de terre biologique crue (avec la peau) propre et rincée à l'eau claire. Coupez-en une tranche fine et frottez-la en gestes doux et circulaires, sur les zones à traiter. Vous apprécierez l'effet apaisant et rafraîchissant. N'hésitez pas à utiliser les deux faces de votre tranche de pomme de terre. Ce geste peut être réalisé tous les jours (plutôt le soir), jusqu'à amélioration de l'état de votre peau.*

**Le jus de citron**
Par son acidité, il va agir comme un exfoliant profond, et permettra de lutter efficacement contre les cicatrices.

***Passez à la pratique :*** *Passez un demi-citron directement sur votre peau en effectuant des gestes circulaires sur les zones à traiter. Vous pouvez aussi prendre du jus de citron pur, en mettre sur un disque démaquillant et l'appliquer sur les zones à traiter. Comme ce fruit est acide, espacez son utilisation de plusieurs jours. Et plus votre peau est sensible, plus son utilisation doit être espacée.*

Dès aujourd'hui, regardez dans votre cuisine si vous n'avez pas déjà ces 4 ingrédients magiques qui vous permettront de lutter efficacement contre les cicatrices d'acné. Photographiez-vous avant de commencer ce type de cure et reprenez une photo après plusieurs semaines, vous constaterez les transformations de votre peau.

# Les huiles essentielles

**ATTENTION :** Les huiles essentielles sont de formidables concentrés actifs de plantes, mais ils doivent être utilisés avec précaution. Il n'est pas question de jouer les apprentis chimistes : vous souffririez de brûlures. Certaines sont aussi interdites aux femmes enceintes, allaitantes et elles peuvent être déconseillées lors de certaines maladies. Ne les mettez pas en contact avec les yeux et les muqueuses. En cas de doute, demandez conseil à un médecin ou à un naturopathe. Les huiles essentielles peuvent être des alliées de taille pour soigner les boutons. Elles ont une action ciblée et très efficace. Si elles sont utilisées avec discernement, les résultats sont probants.

## Cinq huiles essentielles qui ont fait leurs preuves pour traiter, désinfecter et favoriser la cicatrisation des boutons

**Lavande vraie :** Elle a cette odeur apaisante qui caractérise les régions méditerranéennes et un pouvoir antistress. Elle a des qualités anti-inflammatoires et antibactériennes, mais favorise aussi la cicatrisation et la réparation cutanée.
**Géranium d'Égypte :** Sa fragrance est fleurie et sucrée. C'est un antibactérien puissant et un tonique. Elle est aussi cicatrisante et a l'originalité d'être un bon moyen de faire fuir les moustiques.
***Tea tree*** **:** Son odeur est forte et caractéristique, mais pas désagréable pour autant. Elle est très connue pour ses vertus antibactériennes, calmantes et régénérantes. Très efficace, mais peut être trop active, trop forte pour certaines peaux plus sensibles et réactives.

**Palma-rosa :** Elle fait partie des géraniums. C'est un puissant antibactérien à l'arôme fleuri.
**Niaouli :** Son odeur rappelle celle de l'Eucalyptus. Elle sera très intéressante pour soigner localement un bouton. Comme pour ses collègues, elle combat l'inflammation tout en favorisant la cicatrisation.

### Les huiles essentielles en action

Comme je l'ai mentionné plus haut, il est important d'utiliser les huiles essentielles avec parcimonie. Comme ce sont des concentrés d'actifs, il n'en faut que très peu pour bénéficier d'une réelle efficacité. (Les femmes enceintes et allaitantes ne doivent pas les utiliser.)

**Pour bien utiliser les huiles essentielles contre les imperfections, voici les règles à suivre :** Faites un test d'allergie sur le creux de votre poignet. Si vous ne ressentez aucune sensation de brûlure, rougeur, ou besoin de vous gratter, vous avez le feu vert pour une utilisation raisonnée.

**LOCALEMENT :** Une huile essentielle peut traiter localement un bouton. Pour cela, munissez-vous d'un coton-tige, appliquez-en une goutte à son extrémité et tamponnez le bouton.

**EN SOIN :** Ajoutez une huile essentielle à votre huile végétale de soin. Réservez tout de même cet actif spécifique pour votre routine du soir. En effet, les huiles essentielles en contact avec les rayons du soleil peuvent avoir des actions photosensibilisantes et engendrer des brûlures. Il ne faut pas dépasser cinq gouttes d'huile essentielle pour 10 ml d'huile végétale. Vous pouvez aussi opter pour un ajout minute. Pour cela, lors de votre mélange du soir gel d'aloe vera et huile végétale, ajoutez une goutte d'huile essentielle spécifique de votre choix (p. 35). Lors de l'application du soin, évitez le contour des yeux.

# Masques, gommages et *tutti quanti*

Peut-être faites-vous partie des personnes qui pensent que faire des gommages, des masques, des peelings du visage quand on a des problèmes de peau aura pour effet d'améliorer la situation ?

Vous gardez peut-être en tête les publicités, films et séries où l'on voit passer une jeune fille avec un masque vert sur le visage. Ce sont des idées reçues dont il est souvent difficile de se défaire.
L'erreur est que lorsque l'on a des boutons, on a tendance à vouloir trop en faire. Masques, gommages et peelings vont malheureusement contribuer à sensibiliser et à fragiliser la peau et son pH naturel. Ainsi, encore une fois, vous envoyez à votre peau le signal que vous n'avez pas confiance en son procédé originel de régénération et qu'elle ne peut rien faire de bien sans passer par ce type de décapage.
Autant vous dire que vous allez gagner du temps et de l'argent. Vous n'avez pas besoin de toute cette mascarade pour retrouver une peau saine.
Ce type de décapant est plutôt réservé aux peaux matures (qui ne souffrent plus d'imperfections depuis longtemps) et qui ont besoin de réactiver et renouveler les cellules de l'épiderme.
Si jusqu'à présent ce type de soins était avant tout un moment de plaisir, je vous propose une solution de secours pour que vous puissiez continuer à les pratiquer : voici quelques recettes toutes simples qui ont fait leurs preuves et qui vous permettront de réaliser des soins cocoonings sans agresser votre peau.

## Masques maison

Ouvrir les placards de sa cuisine ou la porte de son frigo pour composer un masque anti-boutons : voilà une idée plutôt simple et à la portée de tous.

### Masque cocooning anti-imperfections

Dans un bol, mélangez une cuillerée de miel liquide (biologique de préférence) et une cuillerée à soupe de gel d'aloe vera. Appliquez ce masque sur votre visage préalablement nettoyé.
Allongez-vous et détendez-vous pendant une petite demi-heure. Retirez ce soin naturel et doux en le rinçant à l'eau tiède et au savon. Effet peau douce garanti !

### Deux recettes originales pour régaler et soigner votre peau

***Masque à l'œuf***

**Ingrédients :** 1 œuf frais, de l'huile d'olive et quelques gouttes de jus de citron.
Cassez dans un petit bol un œuf frais (de poule élevée en plein air) en y ajoutant une cuillerée à soupe d'huile d'olive première pression à froid et quelques gouttes de jus de citron. Mélangez énergiquement le tout avec une fourchette ou un fouet à main. Puis appliquez ce masque sur votre visage. Après 20 à 30 minutes de temps de pause, retirez le masque à l'eau tiède. Terminez ce soin en vaporisant un spray d'eau florale sur l'ensemble de votre visage.
**Le saviez-vous ?** Le blanc d'œuf contient des protéines et des enzymes précieuses qui, par leurs effets antibiotiques naturels, permettent d'assainir et de désinfecter la peau.

***Masque au curcuma***

**Ingrédients :** Poudre de curcuma (épicerie biologique), farine de riz ou de pois chiches, du yaourt nature ou du lait, de l'huile d'olive ou de noix de coco, du miel liquide de qualité.

Dans un petit bol, mettez deux cuillerées de curcuma en poudre, une cuillerée de farine (riz ou pois chiche), deux cuillerées de yaourt nature ou de lait, une demi-cuillerée de miel liquide. Mélangez le tout jusqu'à obtenir une pâte homogène. Appliquez ce masque en couche fine à l'aide d'un pinceau doux et bien propre. Laissez agir 20 minutes puis lavez votre visage à l'eau tiède et au savon. Ce masque peut être fait trois fois par semaine si vos problèmes de peau sont sévères. Attention, il peut tacher les vêtements : protégez-vous avec une vieille serviette usée.

**Le saviez-vous ?** Le curcuma est un puissant anti-inflammatoire. Il permet de soigner les imperfections tout en régulant la sécrétion de sébum. Peau nette et éclatante au rendez-vous !

### Et le fameux masque à l'argile, info ou intox ?

Le masque à l'argile est souvent utilisé en soin anti-imperfection. L'argile est excellente dans bien des domaines pour notre santé. Cependant une grande erreur perdure dans son utilisation, faisant d'elle un soin plus agressif qui stimule l'éclosion des boutons. Lorsque l'on applique un masque d'argile, la mauvaise approche est de le laisser sécher sur la peau. Cela aura pour effet de l'assécher, de fragiliser son équilibre et favorisera l'apparition de nouveaux boutons.

La meilleure façon d'utiliser l'argile est le cataplasme. Ce qui consiste à l'appliquer en couche assez épaisse et de la retirer avant qu'elle ait eu le temps de sécher.

Même dans ce cas, je vous déconseille le masque d'argile lorsque vous souffrez de problèmes de peau. L'argile agit comme un aspirateur à toxines, et vous aurez vite fait, en voulant soigner deux boutons, d'en voir éclore quatre ou dix de plus dès le lendemain.

## Gommages maison

Réaliser des gommages reste un geste agressif et abrasif pour les peaux à problèmes. Réalisé trop fréquemment, le gommage entretient les boutons. Nous sommes nombreux à penser que plus on en fait, plus la peau sera unifiée et saine. C'est bien l'effet inverse qui se fait ressentir rapidement. Effet dramatique qui nous pousse à en faire encore plus, car nous pensons que nos problèmes de peaux s'aggravent, alors que ce sont nos gestes mal adaptés qui accentuent la sortie des imperfections. Moins on agresse et stimule notre peau, plus elle sera belle et aura le temps de cicatriser naturellement.

## Gommage ou pas gommage ?

Le gommage reste tout de même un soin intéressant s'il est abordé avec parcimonie et douceur. Pour en tirer tout son intérêt, il est judicieux de bien choisir ses ingrédients et de le réaliser très occasionnellement. Une raison de plus pour faire des économies et ne pas investir dans des gommages industriels.
Un gommage doux tous les 1 à 2 mois suffira à débarrasser la peau des cellules mortes sans pour autant surstimuler les glandes séborrhéiques et entraver son équilibre naturel. Ce gommage a l'avantage de pouvoir se faire avec des produits simples que vous avez à portée de main dans votre cuisine. Voici quelques recettes, que vous appliquerez sur un visage et avec des mains propres.

***Gommage au citron***
(Peaux sensibles et sèches s'abstenir)
**Ingrédients :** Du citron frais, 1 coton démaquillant assez large, du sucre complet ou de la cassonade.
Imbibez votre large coton de jus de citron et saupoudrez-le avec une petite* pincée de sucre. Appliquez ce mélange sur votre visage en frottant doucement et en évitant le contour des yeux. Laissez agir une minute et rincez à l'eau tiède.

***Gommage au thé***
**Ingrédients :** 1 sachet de thé vert, $1/2$ cuillerée de sel, 1 cuillerée de miel, 1 cuillerée d'huile d'olive.
Mélangez tous les ingrédients dans un petit récipient. Appliquez ensuite la mixture sur l'ensemble de votre visage (en évitant le contour des yeux) en massant doucement et de manière circulaire. Rincez à l'eau tiède.

***Gommage au café***
**Ingrédients :** 1 cuillerée à soupe de marc de café récupéré dans votre cafetière et 1 cuillerée à soupe d'huile d'olive première pression à froid.
Mélangez les ingrédients dans un petit récipient. Appliquez le mélange sur l'ensemble de votre visage en évitant le contour des yeux. Frottez doucement la préparation avec des gestes circulaires et doux. Rincez à l'eau tiède.

***Gommage au yaourt***
**Ingrédients :** $1/2$ yaourt nature et 2 cuillerées à soupe de sucre en poudre.
Mélangez les ingrédients dans un petit récipient. Appliquez la préparation sur l'ensemble de votre visage en évitant le contour des yeux. Frottez doucement avec des gestes circulaires et doux. Rincez à l'eau tiède.

Vous l'aurez compris, lorsque l'on a une peau sujette aux boutons, moins on stimule ses glandes sébacées, plus on respecte l'équilibre et l'harmonie naturelle de la peau pour des résultats probants et durables.

# Au quotidien ou pas...

## La case dentiste

Très souvent on le déteste, on le fuit, on recule le rendez-vous… on préfère même oublier son existence. Le passage chez le dentiste ne semble pas très apprécié et pourtant...
Quel est le rapport entre les dents et les problèmes de peau ? Les caries peuvent créer une inflammation, un nid à bactéries qui passent aussi dans le sang, pouvant engendrer des dérèglements intestinaux qui agiront sur l'état de la peau. Nombreuses sont les personnes ayant le sentiment d'avoir tout essayé pour améliorer l'état de leur peau et qui, une fois leurs caries soignées, voient enfin leurs boutons disparaître.

**Des astuces pour bien entretenir vos dents et dire adieu aux carries ?**

1. Évitez tous les aliments qui contiennent du sucre blanc.
2. Brossez-vous les dents après chaque repas.
3. Utilisez du fil dentaire ou des petits bâtonnets de bois (vendus en pharmacie) tous les soirs après le brossage de vos dents pour déloger tous les restes de nourriture que la brosse à dents ne peut pas retirer. Vous serez étonné de voir tout ce qui reste entre vos dents, même après un bon brossage.

Si vous prenez bien soin de votre dentition, tout en allant régulièrement chez le dentiste pour des visites de contrôle, vous n'aurez plus besoin d'être angoissé, car les caries ne seront plus qu'un souvenir.

***Passez vite à la pratique :*** *Réconciliez-vous avec votre dentiste pour être sûr que ce ne sont pas des caries qui provoquent vos boutons et souvenez-vous qu'une bouche saine et bien entretenue est aussi un gage de séduction optimum.*

## Le jeûne cosmétique

Dans un monde parfait, notre peau n'a besoin de rien et se contente de ce que nous lui apportons comme vitamines, minéraux et lipides par notre alimentation. Mais ça, c'est dans un monde parfait...
La peau est un élément de notre organisme au même titre que le sont le foie, les reins, les os… mais passons-nous pour autant du temps à nous en préoccuper ? Non, nous ne réagissons que dans les cas où notre corps sonne l'alarme, nous poussant à nous soigner. Notre façon intentionnelle de prendre quotidiennement soin de notre peau est due au fait que, à la différence de nos autres organes, tout le monde peut la voir. D'où la nécessité d'adopter une bonne routine de soin afin qu'elle ait une apparence belle et saine.

Cependant, il n'est pas mauvais de savoir lever le pied pour rappeler à notre peau que nous pouvons lui faire confiance sans en passer par une dépendance cosmétique.
Alors, pourquoi ne pas lui offrir une diète, un jeûne cosmétique ?
Permettre à sa peau de respirer, c'est lui accorder d'exister telle qu'elle est, de lui donner un moment pour se prendre en main toute seule. C'est la stimuler, lui donner le temps de se réguler. Offrez-lui chaque semaine un jour de jeûne cosmétique : cela lui sera particulièrement bénéfique.

**Passez vite à la pratique :** *Profitez du dimanche, de jours de congés, des vacances ou simplement d'un week-end pour ne rien appliquer pendant 24 à 48 heures. Commencez votre jeûne cosmétique par l'étape du double nettoyage du soir (voir p. 25) puis ne faites plus aucun soin pendant le temps que vous aurez choisi. Pas de maquillage, pas de crème, pas de masque… ne vous lavez pas non plus le visage plusieurs fois par jour. Vous verrez, vous apprécierez vite cette pause et constaterez de tels résultats que le jeûne cosmétique deviendra une habitude pour vous. Faites confiance à votre peau, elle est fantastique !*

## La peau en vacances

En été, on aime se faire dorer par les chauds rayons du soleil, n'est-ce pas ? On apprécie d'autant plus que, comme par magie, la peau devient saine ; on en oublierait presque les problèmes qui, tout au long de l'année, nous donnaient le cafard.
Oui, sauf que la magie ne dure jamais longtemps, et en septembre, quand sonne l'heure de la rentrée, l'état de grâce s'envole et l'on se découvre avec horreur une peau plus boutonneuse que jamais.
Les rayons du soleil rendent la peau plus sèche et plus épaisse, ce qui endort en profondeur les boutons. Dès que le joli hâle aura disparu, ils reprendront très vite du terrain. Ce ne sera alors pas juste quelques petites imperfections, mais toute une colonie qui surgira plus enflammée que jamais.

## Sept astuces pour éviter une recrudescence d'imperfections après l'été

- Ne fuyez pas le soleil, mais choisissez les bons moments de la journée pour en profiter avec modération. Évitez de vous exposer entre midi et 16 heures, quand les rayons sont les plus néfastes pour la peau.
- N'hésitez pas à porter une casquette, un chapeau ou abritez-vous sous un parasol le plus souvent possible.
- Ce n'est pas parce qu'on est en vacances qu'il ne faut pas prendre soin de sa peau. Restez fidèle à votre routine de soin naturel et n'oubliez pas l'étape du double nettoyage du soir.
- Ne surchargez pas votre peau de maquillage. Profitez des vacances pour la

faire respirer le plus possible. Vous avez sûrement déjà pu remarquer que la *chaleur et* la transpiration ne font pas bon ménage avec le maquillage.

- Profitez de la saison chaude pour manger plus sainement des légumes et des fruits plutôt que de la nourriture trop grasse, trop transformée et trop sucrée. Votre foie appréciera cet allégement et votre peau aussi.
- Bougez, marchez, dansez, nagez... pour éliminer le plus de toxines possible.
- Faites du sport. L'exercice physique permet à votre sang de mieux circuler et de mieux nourrir vos cellules et vos organes qui, mieux oxygénés, pourront se débarrasser plus facilement des toxines tout en favorisant un processus de cicatrisation optimum.

# De bonnes habitudes à prendre

Vous l'avez compris, prendre soin de soi pour retrouver une peau saine ne s'obtient pas seulement en ayant une routine de soin adaptée. C'est toute une hygiène de vie qu'il faut apprivoiser et appliquer au quotidien. Cela passe parfois par de petits détails qui ne sautent pas aux yeux et qui pourtant peuvent avoir des effets décisifs sur la prolifération des bactéries. Des gestes, des habitudes qu'il faut changer, faire évoluer, pour tout à coup comprendre qu'ils permettent une amélioration significative de l'état de la peau.

## Les draps

Aviez-vous déjà réfléchi aux milliers de bactéries que vous déposez sur votre taie d'oreiller toutes les nuits ? On n'y pense jamais assez, mais les draps sont une source de prolifération des boutons.
Combien de fois par mois pensez-vous à les changer ?
Une exploration de votre taie d'oreiller au microscope vous ferait vite regretter de ne pas avoir adopté bien avant ce geste simple et très sérieux.

**Passez vite à la pratique :** *Changez votre taie d'oreiller une fois par semaine et vos draps au maximum toutes les deux semaines. Vous verrez, ce simple geste vous permettra déjà d'améliorer sensiblement l'état de votre peau. Et puis, on dort toujours tellement mieux dans des draps propres.*

## La taie d'oreiller en soie spéciale peau saine

Même une taie d'oreiller peut causer des dommages à la peau et favoriser les imperfections.
Les taies d'oreiller classiques sont souvent en coton. Cette fibre est naturelle, mais assez rêche et assèche la peau en absorbant le sébum, l'eau et les soins (crème et huile) que vous aurez appliqués le soir. Ces méfaits auront des conséquences immédiates sur l'état de votre peau.
Les fibres de la soie, quant à elles, naturelles et douces, n'irritent pas l'épiderme et ne l'assèchent pas. Elles apportent une source de protéines et d'acides aminés qui vont permettre à la peau de rester hydratée et en meilleure santé.
Un secret bien gardé ? Oui, la taie d'oreiller de soie est un secret bien connu des Japonaises. C'est une manière simple de limiter les imperfections, mais aussi de lutter efficacement contre les rides et les réactions cutanées d'ordre allergiques. La soie a des qualités hypoallergéniques et antibactériennes.

**Comment choisir sa taie d'oreiller en soie ?**
Misez sur la qualité et mettez-y le prix pour une efficacité optimum. Une taie en soie de qualité vaut au minimum 20 euros. Choisissez-la de couleur sobre et unie (blanc, gris, beige) afin qu'elle ne contienne pas de teinture, ce qui pourrait être mauvais pour la peau et la santé.

**Pas de soie pour moi, je suis vegan !**
Si vous êtes vegan, il est possible que vous ne souhaitiez pas opter pour la soie qui vient du ver à soie. Pas de panique, vous pouvez trouver votre bonheur dans un tissage dit « satin » et sous l'appellation « satin de coton ». Sont déconseillés : le satin de polyester, qui est une fibre synthétique, et bien sûr le satin de soie. Attention tout de même, le satin de coton sera toujours plus rêche que de la soie.

***Passez vite à la pratique :*** *Vous n'avez pas encore de taie en soie ? Cherchez au fond de vos armoires un beau foulard en soie ou en satin, et placez-le sur votre oreiller pour la nuit. Cette astuce vous permettra de patienter quelques jours avant de vous acheter votre taie d'oreiller peau saine.*

## Aérer

Nos intérieurs sont plus pollués que l'air extérieur ? Aussi étonnant que cela puisse paraître, cela a été prouvé à maintes reprises. D'où l'importance de renouveler l'air ambiant. Notre respiration génère une humidité qui peut se transformer en moisissure. Aérer, c'est aussi lutter contre les microbes, les bactéries et leur prolifération et diminuer les accumulations d'odeurs dues aux produits de nettoyages, parfums, dissolvants, cuisine, animaux de compagnie, poussières…

Il est vrai qu'ouvrir en grand ses fenêtres en plein hiver, ce n'est pas ce qu'il y a de plus facile à faire. Quand il fait froid, aérer entre 5 et 15 minutes par jour (en pensant à éteindre les radiateurs) sera un bel effort qui vaudra la peine. Il est vrai que lorsque l'on a chauffé avec des radiateurs, on n'a pas trop envie de tout refroidir. Pourtant l'air a vraiment besoin d'être renouvelé pour rester sain. En été et au printemps, vous pourrez très facilement aérer une heure et même parfois plus.
Avez-vous pensé à aérer votre lieu de travail ? Aérer chez soi peut sembler logique, mais le faire quotidiennement pour son bureau, ou une salle de classe, ce n'est pas une évidence pour tout le monde. Pourtant, ces endroits n'échappent pas aux problèmes de la pollution de l'air ambiant, bien au contraire.
Ouvrir ses fenêtres quotidiennement, c'est permettre à sa peau d'être confrontée à moins d'attaques de bactéries. Ce geste est positif pour votre peau, mais aussi pour votre santé.

***Passez vite à la pratique :*** *Ouvrez vos fenêtres matin et soir pour aérer votre logement, votre chambre… mais aussi dès votre arrivée sur votre lieu de travail afin d'assainir l'air ambiant.*

## Bas les pattes

Vos mains touchent des poignées de porte, du papier toilette, le clavier de l'ordinateur, le portable... qui sont de multiples nids à microbes. De manière inconsciente, avec vos doigts, vous transportez toutes ces bactéries accumulées sur votre visage en vous grattant, en vous caressant, en vous tripotant le visage, en collant votre téléphone sur votre joue... Ces gestes anodins, en faisant proliférer les bactéries, favoriseront l'apparition de boutons. Il est donc impératif de vous laver les mains souvent.

***Passez vite à la pratique :*** *Dès aujourd'hui, faites beaucoup plus attention à vos mauvais gestes. Évitez de mettre vos mains, vos doigts sur votre visage. Pensez à passer des lingettes nettoyantes et désinfectantes sur votre portable (qui est un nid à microbes encore plus vaste que la cuvette de vos toilettes), les poignées de porte, la souris de l'ordinateur, le clavier… Lavez-vous les mains dès que vous sortez des toilettes, après avoir mangé, après avoir été dans les transports en commun, dans les magasins...*

## Cheveux et écharpes

Comme vos mains, des choses sont susceptibles de favoriser la prolifération des bactéries sur votre peau. Prenons l'exemple des cheveux. Ils sont recouverts de sébum, qui lui-même contient des bactéries, des poussières, des particules de pollution. Combien de jeunes filles ou de garçons ont des boutons et les cachent avec une longue frange ou des cheveux qui leur tombent sur les joues ?

Lorsque l'on souffre de problèmes de peau, voilà le genre de détails auxquels il faut rester attentif. Les cheveux apportent davantage de sébum et de bactéries, ceux-là mêmes qui vont nourrir les boutons. Il en est de même pour les produits capillaires comme le gel coiffant, la laque en spray, la mousse volume, les soins hydratants pour la fibre capillaire… les ajouts de produits chimiques et gras qu'ils contiennent bouchent les pores par contamination directe des cheveux sur la peau, ou par effet volatile de microparticules qui se déposent sur le visage.
Aviez-vous aussi déjà pensé aux écharpes, aux foulards ? Combien de personnes ayant des boutons autour de la bouche ou principalement sur le menton s'étonnent de ne pas voir leurs problèmes de peau diminuer alors qu'elles passent leur temps à nourrir leurs imperfections avec les bactéries contenues dans ce type de lainage ou de tissus ? Soyons honnêtes, on ne lave pas fréquemment ses écharpes et ses foulards. Quant aux cagoules et casques de motos, ils causent les mêmes soucis.

***Passez vite à la pratique :*** *Si vous souffrez d'imperfections, une journée après avoir fait votre shampoing, veillez à coiffer vos cheveux en arrière le plus possible. Si vous avez le front boutonneux, ne cherchez pas à le cacher sous une frange au risque de faire perdurer longtemps ce problème. Pour ce qui est de vos écharpes et foulards, gardez-les autour du cou sans les faire remonter sur le bas de votre visage si celui-ci est déjà sensible aux imperfections. Ces prises de conscience simples vous permettront d'acquérir plus rapidement une peau saine.*

## L'eau

Nettoyer son visage à l'eau et au savon est un geste d'hygiène qui a traversé les civilisations et qui pourtant, aujourd'hui, peut être la source de nombreux problèmes de peau.
L'eau qui sort de nos robinets n'a plus rien à voir avec celle qu'utilisaient nos grands-parents, arrières grands-parents… Aujourd'hui, elle subit des contaminations croisées malgré les traitements mis en place pour la rendre potable. En France, selon votre lieu d'habitation, les disparités peuvent être criantes. Dans certaines zones, on trouve des eaux « dures », ces eaux trop calcaires, trop javellisées, trop chargées en fer…
Ces caractéristiques ont un impact délétère sur les peaux les plus sensibles et réactives, provoquant, chez certaines personnes, des réactions allergiques (psoriasis, eczéma, tiraillements, dermites, dartres…) et il va sans dire, favorisant l'apparition de boutons.
Alors, comment faire ? Si vous souhaitez à tout prix vous laver le visage à l'eau et au savon, utilisez une eau de source (même de premier prix) que vous achèterez en bouteille. Pour ne pas la gâcher et en tirer le meilleur parti, utilisez une éponge 100 % végétale (comme l'éponge Konjac). Humidifiez votre éponge végétale dans un

bol d'eau et faites mousser votre savon doux. Rincez votre visage avec un peu d'eau. Sachez tout de même que l'étape du double nettoyage à l'huile de votre routine du soir protège votre peau même si vous utilisez de l'eau du robinet et du savon.

***Passez vite à la pratique :*** *Si vous souffrez d'imperfections, que votre peau est sensible et qu'elle reste inconfortable malgré vos efforts et la mise en pratique de votre nouvelle routine de soins, faites l'expérience de ne plus laver votre visage à l'eau du robinet pendant 15 jours. Faites votre toilette à l'eau de source. La différence sera sensible et vous apprécierez le confort nouveau de votre peau.*

## Sous la douche

Vous avez compris que l'eau du robinet est un facteur de boutons, tout comme celle qui sort de votre pommeau de douche. Ne mouillez plus votre visage sous la douche, ne le lavez pas avec du gel douche ni avec du shampoing ni même directement avec la fleur d'éponge avec laquelle vous vous nettoyez le corps. Ces gestes sont très agressifs pour l'équilibre de votre peau et auront des effets directs sur les poussées de boutons.

## Les pinceaux, éponges de maquillage

Même s'ils sont pratiques, parfois même jolis, ce sont des nids à microbes et bactéries. À chaque fois que vous touchez votre visage avec les poils d'un pinceau ou que vous harmonisez votre crème teintée avec une éponge, vous déplacez toutes les impuretés qui encombrent une peau à imperfections. Soit vous avez la rigueur de nettoyer quotidiennement ce petit matériel, soit il vaut mieux totalement vous en passer et utiliser vos doigts préalablement lavés et séchés.

***Passez vite à la pratique :*** *Si vous souhaitez utiliser vos pinceaux et éponges, après chaque utilisation passez-les sous l'eau chaude, nettoyez-les au savon de Marseille puis placez-les sur une grille pour les faire sécher.*

## Le vrai problème des serviettes et des gants de toilette

Est-il possible d'imaginer utiliser un gant de toilette qui traîne sur le lavabo, un drap de bain roulé en boule dans un coin, une serviette qui a servi à une autre partie du corps pour s'essuyer le visage alors que l'on vient de le nettoyer ? Aussi étonnant que cela puisse paraître : beaucoup de personnes le font ! Malheureusement, ce genre de mauvaises habitudes, c'est la contamination assurée pour la peau.
Comment faire ? Utilisez un mouchoir en papier à usage unique (pas besoin d'en prendre des tas, un seul suffira pour vous essuyer l'ensemble du visage) ou plus économique et plus écologique, optez pour de toutes petites serviettes,

communément appelées « serviettes invités ». Elles doivent être changées tous les jours et n'être utilisées que par une seule et même personne.

**Passez vite à la pratique :** *Dès aujourd'hui, changez définitivement cette mauvaise habitude et n'utilisez plus jamais deux fois la même serviette pour vous essuyer le visage. Faites un stock de 7 à 8 petites serviettes éponges. À la fin de chaque journée, mettez votre serviette au linge sale et le lendemain, prenez-en une nouvelle toute propre.*

## Le téléphone portable

Vous avez toujours des boutons sur les joues, le menton? Et si cela venait d'une mauvaise utilisation de votre téléphone portable?
Le portable fait partie de ces objets dont on ne sait plus se défaire. Pourtant, certains problèmes sont liés à cet appareil. Ainsi, en plus des supposés dégâts des ondes sur la santé, le portable a un effet direct sur l'état de votre peau. D'après une étude de l'université de Manchester, nos téléphones portables et les combinés de téléphone en général, contiendraient cinq cents fois plus de bactéries que nos lunettes de toilettes. Pouviez-vous l'imaginer? Certainement pas, sinon vous auriez déjà arrêté depuis longtemps de coller machinalement ces nids à bactéries et à microbes sur votre visage.

**Passez vite à la pratique :** *Dès aujourd'hui, changez définitivement cette mauvaise habitude et ne collez plus machinalement votre portable ou combiné de téléphone sur votre visage. Éloignez ces nids à bactéries de votre peau, optez pour un kit mains libres ou pour des oreillettes. Et une fois par jour, prenez une minute pour nettoyer votre appareil à l'aide de lingettes nettoyantes ou, encore plus écologique et tout aussi efficace, avec un petit chiffon de tissu imbibé de vinaigre blanc.*

## Attention, transpiration!

Lorsque l'on a des boutons, il est conseillé d'avoir une bonne hygiène de vie. Celle-ci s'articule autour de plusieurs piliers, dont le sport. Alors pourquoi tant de personnes très sportives ne constatent-elles pas d'amélioration significative de l'état de leur peau. Pourtant, elles transpirent à grosses gouttes pour aider le corps à éliminer les toxines! Il peut y avoir une raison simple à cela : transpirer est un mécanisme positif lorsqu'il est contrôlé, mais pas plus efficace si vous ne respectez pas la seule règle qui pourra faire toute la différence sur l'état de votre peau : le nettoyage.
Garder et laisser sécher sa transpiration un peu trop longtemps après avoir fait du sport, c'est permettre aux bactéries de boucher et de nourrir les pores. Oui, une transpiration qui n'est pas rapidement retirée et nettoyée absorbe des bactéries,

des poussières, des microbes qui favorisent les problèmes de peau.
Il en est de même pour les très prisés hammams et saunas qui ont pour but de faire transpirer le corps et d'évacuer de nombreuses toxines. Après ce type de soin spécifique, il faut tout de suite enchaîner sur un bon nettoyage.

**Passez vite à la pratique :** *Lorsque vous rentrez d'une séance de sport, la première chose à faire avant quoi que ce soit d'autre est de bien vous nettoyer le visage. N'hésitez pas à faire un nettoyage profond, mais doux en réalisant l'étape du double nettoyage (étape du soir, p. 25). Cela permettra à votre peau d'avoir profité de la sueur pour évacuer des toxines, et d'être ensuite bien assainie en profondeur.*

## Constipation et boutons : vite il faut que ça passe !

La constipation fait partie des facteurs qui engendrent des problèmes de peau persistants, car elle ne permet pas une évacuation normale des toxines. Qui dit stagnation de toxines à l'intérieur de soi dit prolifération de celles-ci dans tout l'organisme et saturation des émonctoires.
Lorsque l'on souffre de constipation chronique, il existe plusieurs solutions naturelles très douces. En voici une qui reste simple et efficace : la cure d'huile de noix de coco vierge.
Il suffit de consommer une cuillère à café d'huile de coco vierge et de qualité biologique avant chaque repas. Vous pouvez acheter votre pot sur Internet ou en magasin bio au rayon des huiles alimentaires. Elle doit être composée à 100 % d'huile de coco, sans ajouts, sans conservateurs et non désodorisée. Il faut la conserver à température ambiante. Elle a un effet positif sur la digestion, renforce le système immunitaire et permet de lutter durablement contre la constipation.
D'autres idées pour lutter contre la constipation ? Renseignez-vous sur la cure de Psyllium blond, la cure gel d'aloe vera (attention, l'aloe vera est déconseillé aux femmes enceintes et allaitantes), prenez un petit déjeuner à base de flocons d'avoine ou encore procurez-vous un *squatty potty*, tabouret de toilettes qui permet d'adopter une position physiologique pour une évacuation facile des selles.

**Passez vite à la pratique :** *Profitez de votre prochain passage dans votre magasin bio pour vous offrir un pot d'huile de noix de coco vierge.*

## L'automassage du ventre

Dans le livre best-seller *Et si ça venait du ventre* de Pierre Pallardy, ce professionnel de santé nous explique l'importance du bien-être de notre deuxième cerveau : le ventre. Il conseille les massages abdominaux réguliers pour aider à retrouver une peau saine rapidement et à moindres frais. Pour cela, il suffit d'être confortablement assis ou allongé et de se masser le ventre avec des gestes circulaires en effectuant des pressions régulières. Le ventre va, dans les premiers temps, être parfois un peu douloureux ou faire des glouglous surprenants... Ces réactions sont normales et dues à des tensions liées au stress ou encore à la digestion.

***Passez vite à la pratique :*** *Offrez-vous quotidiennement des petites pauses de 5 minutes pour vous masser le ventre. Au réveil, à la pause de 10 h... devant la télé, ou encore le soir au coucher. Ce simple massage du ventre réalisé régulièrement peut faire une vraie différence sur votre peau.*

## Poils de barbes et baisers d'animaux

Voilà qui est original ! En effet, sachez que les poils de barbes naissants et particulièrement drus de nos hommes qui nous couvrent de baisers auront rapidement un effet irritant, voire très irritant pour les peaux les plus sensibles et seront cause de boutons.
Si vous faites partie des personnes qui aiment recevoir sur le visage des léchouilles goulues de leurs chiens ou chats, vous vous exposez également à ce genre d'inconvénients. C'est vrai, c'est mignon et c'est leur façon à eux de faire des bisous, mais si votre peau est sujette aux imperfections, évitez ce genre de contamination : la langue des animaux, comme celle des humains, est pleine de bactéries.

## La cigarette

Fumer tue, mais pas que ! La cigarette a pour effet de détruire les cellules, d'accélérer le vieillissement de la peau et lorsque l'on a des boutons, d'entraver le processus de cicatrisation. Renoncez définitivement à fumer, vous améliorerez significativement l'état de votre peau et de votre santé.

## L'alcool

Il est aussi mis en cause dans l'apparition récurrente de boutons. Non seulement l'alcool sature le foie, mais il engendre des pics de glycémie qui favorisent une montée d'hormones et accentue l'inflammation du corps. Un verre par-ci, un verre par-là... ne vous étonnez pas de le payer aussi sous forme de boutons disgracieux.

# Des alternatives naturelles surprenantes à apprivoiser

Dans une démarche de soins naturels, il existe toutes sortes de solutions pour améliorer durablement la qualité de sa peau. On les surnomme communément « secrets de grand-mère ». Il est dommage de leur attribuer une appellation si vieillotte, car ces approches sont souvent bien plus efficaces que n'importe quels autres soins spécifiques onéreux et peu respectueux de la santé. Des moyens simples qui, s'ils ont traversé les années, ont su se distinguer par leurs effets visibles sur les problèmes de peau. Si ce n'est pas déjà fait, découvrez vite ces remèdes qui peuvent sembler fantaisistes, mais sont en réalité particulièrement efficaces.

## Les glaçons

Je connais un beau garçon qui a un jour suivi le conseil d'utiliser des glaçons pour soigner ses boutons, et croyez-le sa peau en a été transformée !
Les glaçons sont une solution très ancienne pour assainir les peaux à problèmes. Mais alors pourquoi ce secret est-il si peu connu ? Ce geste simple et foncièrement économique a pourtant pour effet de resserrer les pores et d'assécher les boutons. Votre grand-mère le sait depuis toujours, rien n'est mieux que l'eau froide pour purifier une peau mixte à grasse. Retenez tout de même que cette astuce ne convient pas aux peaux sèches et hypersensibles.

**Comment réaliser ce fabuleux soin traitant aux glaçons ?**
Préparez des glaçons avec de l'eau en bouteille de source ou minérale (surtout pas avec de l'eau du robinet qui est trop irritante). Passez un glaçon sur votre visage matin et soir après un nettoyage au savon doux. Faites-le courir sur votre peau et particulièrement sur les zones sujettes aux imperfections. Continuez l'opération jusqu'à ce que le glaçon ait totalement fondu entre vos doigts. Vous serez un peu rouge sur le moment, mais vous retrouverez couleur humaine en 5 petites minutes. Il faut attendre une semaine pour commencer à voir les résultats. Vos boutons seront de plus en plus petits, partiront plus vite et sans laisser de trace, car vous n'y toucherez plus avec vos mains pleines de doigts.
Cette méthode fonctionne très bien sur les peaux épaisses des hommes qui sont moins sensibles. Si votre peau est trop réactive, cela peut ne pas vous convenir du tout. Dans ce cas, ne faites ce geste qu'une fois par jour et seulement le soir. Comme toujours, certaines peaux vont adorer et pour d'autres, l'effet sera moins miraculeux. Pour autant, ne passez pas à côté de cette solution simple et peu coûteuse.

***Passez vite à la pratique** : Pour mieux cibler ce soin, réalisez une tisane de thym ou de thé vert et faites-en des glaçons.*

## Les bains dérivatifs

Les bienfaits des bains dérivatifs sont très nombreux : meilleure circulation sanguine, meilleur sommeil, régulation hormonale, peau plus saine, remodelage du corps… Je vous invite vivement à faire des recherches sur Internet et surtout à acheter le livre de France Guillain, *Le Bain dérivatif* ou *D-CoolinWay*, qui explique tous les bienfaits de cette pratique. Retenez que les bains dérivatifs sont une manière douce de faire circuler les mauvaises graisses et de diriger les toxines contenues dans le corps vers les émonctoires que sont le foie, les reins, les poumons, la peau et l'intestin. Cela a un effet positif sur la santé, mais permet aussi d'avoir une peau plus saine et lumineuse.

Vous les découvrez peut-être ici, mais sachez qu'il y a quelques dizaines d'années, ils étaient déjà connus pour leurs multiples bienfaits sur la santé. À l'époque, ils trempaient leurs fesses dans une bassine d'eau bien froide pendant plus d'une demi-heure, une à plusieurs fois par jour. Aujourd'hui, de manière plus pratique, vous pouvez utiliser des poches de gel contre les contractures musculaires qui passent au congélateur (vendues en pharmacies ou sur Internet). Il suffit de placer une poche, entourée d'un linge entre vos cuisses et au niveau du périnée entre 15 minutes et plusieurs heures par jour. Vous pouvez utiliser les bains dérivatifs format poche de gel devant la télévision, assis à votre bureau, au coucher, en voiture… Une heure de bain dérivatif aura une efficacité notable sur votre peau, car les toxines seront redirigées vers les émonctoires et n'auront pas de raison de venir éclore sur votre visage. De plus, à l'adolescence ou même parfois encore à l'âge adulte, des chamboulements hormonaux engendrent des boutons. Saviez-vous que les bains dérivatifs ont aussi un effet régulateur sur les hormones ? Voilà une raison de plus pour ne pas passer à côté de cette astuce toute simple.

***Passez vite à la pratique** : Pour commencer au plus vite les bains dérivatifs, placez une petite bouteille d'eau au congélateur. Puis enroulez-la dans un torchon et positionnez-la au niveau de votre périnée. C'est moins confortable et discret qu'une poche de gel, mais pratique pour découvrir l'expérience.*

## L'huile de ricin

Voilà une huile qui, derrière ses airs visqueux, s'avère être un soin anti-imperfection très efficace.

« Les boutons apparaissent lorsqu'il y a souci au niveau des follicules : excès de sébum, obstruction ou développement de bactéries. L'huile de ricin agit pour resserrer les pores et empêcher que ces bactéries nocives parviennent jusqu'aux

follicules. En effet, lorsque les pores sont dilatés, les déchets s'y installent plus facilement. » www.huiledericin.fr
Cette huile sans odeur, transparente et assez épaisse et va resserrer les pores de votre peau tout en formant une barrière contre les bactéries nocives.

***Passez vite à la pratique :*** *Le soir, après avoir effectué votre routine de soin, mettez un peu d'huile de ricin sur un coton démaquillant ou sur un coton-tige que vous appliquerez par tapotements doux sur les zones à traiter.*

## L'eau salée ou l'eau de mer (spécial peau grasse, voire très grasse)

Si vous allez parfois en vacances à la mer, vous avez sûrement ressenti de petits picotements lorsque votre visage est mouillé par l'eau de mer, naturellement très salée. Une sensation qui non seulement a des effets légèrement désinfectants, mais aussi un effet asséchant. C'est d'ailleurs l'un des facteurs qui fait que souvent, les peaux grasses voire très grasses ont moins de boutons lors de vacances d'été passées à la mer. Et si vous profitiez des bienfaits de l'eau de mer sur votre peau toute l'année ? C'est possible et à moindre coût.
Deux solutions s'offrent à vous. Solution numéro un : remplissez au tiers un verre avec de l'eau de bouteille. Ajoutez une cuillerée de sel de mer fin. Mélangez jusqu'à ce qu'il soit bien dissous. Imbibez généreusement un coton d'eau salée et appliquez-le sur votre peau en effectuant des pressions douces (ne frottez pas) tout en évitant le contour des yeux. Ne cherchez pas à récupérer les résidus de sel au fond du verre, n'utilisez que l'eau avec le sel dilué. Votre peau va un peu tirailler et, pour certains même, donner une sensation de chaleur. Pas de panique : c'est le sel qui agit. Laissez sécher votre visage à l'air libre. Lorsque vous sentez les grains de sel restés en surface, rincez-vous à l'eau claire. Résultat : votre peau est toute douce et plus saine !
Solution numéro deux : achetez en pharmacie ou sur Internet des sprays d'eau de mer ou encore des sprays d'eau de quinton (eau de mer dynamisée). Ils ont une efficacité intéressante en tant que tonique pour la peau.

***Passez vite à la pratique :*** *Testez l'une de ces solutions et voyez si cela a un effet positif sur votre peau.*

## Le mini-jeûne

La digestion, les intestins... sont souvent défaillants, fragilisés pour cause de suralimentation.
Grignoter entre les repas, c'est entraver le processus normal de digestion. Et une digestion allongée entraîne davantage de déchets et de toxines dont le corps aura du mal à se défaire.

Ces toxines vont créer des inflammations et des dysharmonies organiques pouvant engendrer des problèmes de peau.
Pour laisser le temps à son organisme de digérer et de bien se vider, nous aborderons des bienfaits du « mini-jeûne » qui a pour principe de ne pas manger entre les trois repas principaux.
Cette simple discipline, qui permet de manger le matin, le midi et le soir en laissant passer plus de 5 heures entre chaque prise alimentaire donne au corps le temps de se régénérer, de se réparer et de vaquer à son auto-nettoyage.
Réapprendre à avoir un peu faim et ne plus manger juste par gourmandise, par ennui ou pour le plaisir de se remplir, sans réel besoin, c'est apprendre à respecter son corps et améliorer durablement sa santé.

***Passez vite à la pratique :** Mangez sainement et de manière équilibrée aux trois principaux repas de la journée et, plusieurs fois par semaine, évitez les grignotages entre les repas. Cela demande un peu d'efforts au début, mais si vous mangez des protéines, des glucides complets et des légumes à chaque prise alimentaire, ce sera bien plus facile et vous ne risquerez pas de crise d'hypoglycémie. Avoir un « peu faim » durant la journée crée de nouvelles enzymes digestives qui améliorent la santé de nos intestins.*

# Les cures

Ce chapitre n'a pas pour but de vous inciter à réaliser toutes ces cures en même temps, mais de vous permettre de choisir en conscience, de tester celle qui vous conviendra le plus à un moment donné, et par rapport avec vos besoins de l'instant.

**ATTENTION :** Les cures sont déconseillées aux femmes enceintes et allaitantes.

## La cure du foie

Le foie est un organe clé trop souvent négligé dans la recherche des causes stagnantes de problèmes de peau. Si vous ne deviez choisir qu'un organe à chouchouter pour améliorer votre peau, ce serait lui. Le foie est une véritable usine de traitement des déchets et s'il ne fonctionne pas correctement, il est débordé, fatigué, surmené.
Ces situations causent des dérèglements corporels. Le sang est plus gras et tout un tas de toxines non traitées s'évadent par où elles peuvent, c'est-à-dire par la peau. Imaginez un container dans lequel on déposerait toujours plus de poubelles qui

ne seraient jamais ramassées, qui s'entasseraient et dont les déchets stagneraient. Voilà le genre de situation dont on se passerait bien ! Dans notre corps, c'est pareil, alors donnons-lui un petit coup de pouce pour faire du nettoyage.
Pour cela, plusieurs solutions s'offrent à vous : ampoules detox pour le foie (radis noir, desmodium, artichauts, Chardon-Marie...) que l'on trouve en pharmacie ou en magasin bio, cure de sève de bouleau fraîche au passage du printemps, cure de jus de citron dans de l'eau chaude à jeun le matin… Retenez surtout que le foie n'apprécie pas les gras transformés (charcuteries, pâtisseries, gâteaux industriels, excès de viande rouge, sucre blanc, céréales non complètes, alcool, fritures…). Il n'aime pas non plus le stress ni la prise de pilule contraceptive.
Voici une liste non exhaustive des aliments qui, au quotidien, en cure dépurative d'au moins 21 jours, vous permettront de soutenir cet organe si précieux pour une peau de rêve : radis noir, citron, amande, cannelle, miel, curcuma, chou-fleur, oignon, brocoli, ail, artichaut, agrumes, huile d'olive première pression à froid, thé vert, légumes verts…

***Passez vite à la pratique :** Prenez un verre d'eau chaude avec le jus d'un demi-citron (en option : une cuillerée à café de cannelle et de miel) tous les matins à jeun, pendant au minimum 21 jours. N'hésitez pas à croquer dans un petit morceau de radis noir avant de manger, ce geste aidera aussi votre foie. Une cure pour le foie à chaque changement de saison sera toujours salvatrice.*

## La cure de chlorure de magnésium

Baisse de morale, anxiété, irritabilité, fatigue nerveuse, mais aussi musculaire (crampes...), perte de densité osseuse, gastrite, allergies, problèmes respiratoires, une mauvaise circulation sanguine, boutons... Nombreux sont les signaux d'alerte que notre corps nous envoie pour nous prévenir que nous pouvons être en manque de magnésium.
Le magnésium est un élément essentiel au bon fonctionnement de notre organisme. Vous pouvez en apporter par votre alimentation (cacao, oléagineux, céréales complètes, tofu, germe de blé, algues, graines germées, légumineuses...), mais parfois cela n'est pas suffisant, surtout si vous avez des fragilités intestinales qui occasionnent une mauvaise absorption et utilisation de ces nutriments, minéraux... Des arguments qui vont offrir tout son sens à la cure de chlorure de magnésium.

### Comment en faire une cure et où en acheter ?

Vous le trouverez facilement en pharmacie, vendu en sachet de 20 grammes.
Pour réaliser votre cure, diluez un sachet de chlorure de magnésium dans un litre et demi d'eau de source. Secouez : c'est prêt !

### Et le nigari ?

Vous pouvez aussi opter pour le nigari, une algue très riche en magnésium. Vous en trouverez facilement en magasin bio. Cette algue est vendue en sachet à un prix très attractif. Prenez-en suffit une cuillerée à soupe bombée (environ 20 grammes) et mélangez-la dans une bouteille d'eau de source d'un litre et demi, de préférence en verre plutôt qu'en plastique. Secouez et c'est prêt. Votre bouteille peut être gardée à température ambiante, mais à cause du goût amer des préparations, il est préférable de la conserver au réfrigérateur.

**Comment réaliser sa cure ?**
Quand votre bouteille est prête, prenez un demi-verre ou un verre de préparation par jour, le matin à jeun. Un demi-verre correspond à environ 5 cl et c'est tout à fait suffisant. De plus, la petite quantité sera plus facile à avaler d'une traite. Le chlorure de magnésium est connu pour provoquer, chez certains, un peu de diarrhée. Si vous allez trop souvent aux toilettes, réduisez simplement la dose en espaçant les prises.

**Combien de temps dure une cure ?**
Elle dure trois semaines. Cela reste tout à fait adaptable, et vous pouvez par exemple ne faire qu'une cure d'une semaine de temps en temps.

**Le chlorure de magnésium, la panacée ?**
Oui ! Le chlorure de magnésium est utilisé dans les cures détoxifiantes, car il traite et draine l'organisme, avec des résultats très concluants quant à l'amélioration de l'état de la peau. Il aura aussi de nombreuses actions favorables comme celle de fortifier le système nerveux, de soutenir le système immunitaire, de réguler les hormones, de lutter contre les infections, les rhumes, les grippes, la décalcification, la constipation, les insomnies...

**Et en soin externe ?**
Le chlorure de magnésium peut servir de désinfectant et pourra aussi trouver sa place en tant que lotion désinfectante du soir après l'étape du double nettoyage.

**ATTENTION :** Cette cure est interdite aux personnes souffrant d'insuffisance rénale, d'hypertension et aux néphrétiques.

***Passez vite à la pratique :*** *Gardez en tête les aliments riches en magnésium et ajoutez-en tous les jours dans vos repas. Une bonne raison de s'offrir deux carrés de bon chocolat noir (pas du chocolat au lait... sinon attention les boutons !) à la fin du repas de midi.*

## La cure d'eau d'argile

C'est une pratique de santé millénaire. Saviez-vous que même les animaux, dans la nature, lorsqu'ils sont malades ou blessés, vont d'eux-mêmes se vautrer dans la

boue ? L'argile n'est pas simplement la force, l'énergie de la terre et du soleil mises naturellement à notre service. C'est avant tout un composé intelligent, riche en oligoéléments et en minéraux.
Elle agit comme une tête chercheuse qui va aller dans nos tissus profonds pour déloger toutes les toxines qui s'y cachent, puis les remettre en circulation afin que le corps puisse ensuite les évacuer naturellement vers l'extérieur. L'argile est une surdouée. Elle est capable de détecter les organes en dysfonctionnement pour aller agir sur eux.
Voici quelques-unes de ses vertus qui joueront un rôle sur votre chemin vers une peau plus saine : elle nettoie l'organisme, nettoie le sang, répare les petites liaisons internes, chasse les toxines, elle est purifiante, drainante, anti-inflammatoire, régénérante, soigne les problèmes digestifs…

**Comment réaliser une cure d'eau d'argile ?**

Choisissez une argile verte surfine et illite. Voici deux marques que vous pouvez trouver facilement en magasin bio : Argiletz et Cattier. Soyez vigilant, car toutes les argiles vendues en magasins bio ou autre, ne doivent pas être ingérées. « Surfine » et « illite » sont deux termes essentiels. Une argile en poudre de qualité ne doit contenir qu'un seul ingrédient : l'argile.
Munissez-vous d'un verre épais. Pourquoi épais ? Car si le verre est trop fin, l'argile pourra le briser. N'utilisez pas un verre en cristal, trop fragile. Prenez une cuillère en bois (pas de plastique ni de métal) et de l'eau de source de montagne (pas d'eau du robinet).
Le soir, avant de vous coucher, préparez un verre d'eau d'argile : dans votre verre, versez de l'eau et ajoutez-y une cuillerée à café d'argile verte surfine illite. Touillez avec la cuillère en bois. Retirez la cuillère du verre et laissez reposer la préparation toute la nuit. Le matin, avant le petit déjeuner, buvez l'eau d'argile. Ne buvez pas l'argile qui a décanté au fond du verre. Puis prenez votre petit déjeuner.

**Combien de temps pour une cure d'argile ?**

Vous pouvez faire cette cure trois semaines quand vous en ressentez le besoin et/ou à chaque changement de saison. Si vous n'avez jamais ingéré d'argile, commencez par une cure de six jours.
L'eau d'argile est vraiment très neutre en goût et en texture. Quand vous réalisez une cure d'argile, elle a des effets détoxifiants. En effet, elle déloge les toxines et les remet en circulation pour que le corps s'en débarrasse naturellement. Comme souvent, nos émonctoires (peau, intestins, reins…) sont fatigués, fragilisés et peuvent avoir quelques difficultés à évacuer tout cela. Comme nous sommes tous différents, certaines personnes n'auront aucune réaction quand d'autres auront des symptômes de désintoxication, ou pourront encore être un peu constipées.
Pour aider à l'évacuation de ces toxines, il est important de favoriser les fruits et légumes dans l'alimentation quotidienne, ainsi que boire de l'eau pure.

**ATTENTION :** L'effet de l'argile est puissant, donc si vous souffrez d'hypertension ou si vous avez fait une occlusion intestinale par le passé, mieux vaut ne pas faire de cure d'argile.
Si vous suivez un traitement médicamenteux, hormonal ou autre, demandez l'avis de votre médecin, car il peut y avoir des interactions ou des contre-indications.
Au cours d'une cure d'argile, évitez les aliments gras et buvez beaucoup d'eau.

## Le jus vert

Voilà une astuce de star. En effet, il est difficile de rater tous les plus grands mannequins, les actrices, chanteuses... arborant fièrement un grand récipient contenant une mixture verte.
Oui, le jus vert, c'est le gros coup de pouce que l'on peut s'offrir pour avoir la peau saine de ses rêves. Il est vrai que l'on met l'accent sur l'importance de manger de bons légumes pour avoir une peau lumineuse. Pourtant ce n'est pas aussi simple à intégrer en généreuse quantité tout au long de la journée. C'est là que le jus vert trouve toute son importance. Sa qualité première est d'apporter rapidement une grande quantité de légumes frais de couleur verte, tout en restant un moment gustatif agréable.

### Pourquoi des légumes verts ?

Ce sont les légumes les plus riches en minéraux, chlorophylle, vitamines, fibres... Ils ont une action anti-inflammatoire, nettoyante et nutritive puissante. De quoi permettre à votre peau d'être rapidement plus claire, plus veloutée et plus saine. Les légumes verts à privilégier sont les feuilles de salade verte, le persil, la menthe, le chou vert, le chou kale, les épinards, le concombre, les courgettes, le céleri branche...

### Comment réaliser un bon jus vert ?

Pour profiter de tout l'intérêt nutritionnel des légumes verts sans en subir l'amertume gustative, vous pouvez ajouter quelques fruits qui apporteront un côté plus gourmand au mélange.
Pommes, fraises, bananes, pêches... seront de bonnes alternatives. Pour un bon dosage, vous pouvez commencer par mélanger 30 % de fruits et 70 % de légumes. L'idéal serait ensuite de réduire la proportion de fruits pour avoir une haute dose de légumes verts. Cependant, les manger doit rester un plaisir, alors adaptez vos mélanges à votre goût tout en gardant en tête qu'il s'agit principalement d'un mélange de légumes verts et non d'un jus de fruits.
Pour réaliser ce type de jus, vous pouvez opter pour un extracteur à jus ou pour une centrifugeuse. Pour réaliser des smoothies, qui sont des mélanges plus épais, utilisez un bon robot blender. Cette boisson sera parfaite pour remplacer ou accompagner votre petit déjeuner. Elle peut aussi faire office de goûter.

***Passez vite à la pratique :*** *Pour rendre votre jus vert (ou votre smoothie) toujours plus vert, ajoutez à votre mélange de la spiruline (algue verte), du thé matcha ou encore de la poudre d'herbe de blé.*

## La sève de bouleau

La cure printanière de sève de bouleau fraîche est très réputée depuis le Moyen Âge. Elle est produite naturellement par le bouleau et est d'une richesse extraordinaire. Cette sève est particulièrement détoxifiante pour l'organisme et a une action favorable sur les reins, le foie, la flore intestinale et l'immunité (elle est riche en minéraux essentiels). Elle est aussi un puissant anti-inflammatoire et c'est pour toutes ces raisons que la sève de bouleau est fortement recommandée en cas de problèmes de peau. La sève fraîche récoltée au printemps est plus onéreuse, mais plus efficace. On la trouve aussi facilement sous l'appellation de « jus de bouleau » dans des bouteilles en verre opaque. Pour la dose à utiliser, il suffit de lire les recommandations sur les emballages. Une cure peut durer de deux à trois semaines. Certaines personnes ont aussi observé des effets très positifs sur leur peau en réalisant et en appliquant des glaçons à base de sève de bouleau en soin externe (voir p. 50).
Vous pouvez acheter de la sève fraîche ou du jus de bouleau au rayon complément alimentaire des magasins bio ou encore sur Internet. Retenez bien que la sève de bouleau est bien plus active que le jus de bouleau.

**ATTENTION :** Cette cure est interdite aux personnes allergiques au pollen de bouleau, et, mal dosée, elle peut entraîner des troubles gastro-intestinaux.

## Le kéfir de fruits

Voilà une petite merveille naturelle, aux vertus bien connues et qui va nourrir et chouchouter la flore intestinale. Vous l'avez compris maintenant, lorsque l'on a des boutons, c'est un peu le corps qui parle, qui vient exprimer que des choses ne vont pas bien à l'intérieur. À nous de rester à l'écoute de ces messages qui nous alertent et nous permettent de reprendre les choses en main.
Il est aujourd'hui scientifiquement prouvé que la flore intestinale a un rôle prépondérant dans l'équilibre psychique, hormonal, mais aussi sur la bonne gestion et sur l'utilisation des nutriments que l'on apporte par le biais de notre alimentation ainsi que sur la bonne élimination des bactéries par les selles (constipation par exemple). Si notre flore est faible ou abîmée, il y a de fortes raisons de croire que cela aura un impact direct sur notre peau. C'est donc là que peut intervenir le kéfir (que l'on trouve sous forme de petits grains blancs translucides) et qui sert à réaliser une boisson fermentée appelée kéfir de fruits, que l'on peut réaliser chez soi et qui, par sa richesse en probiotiques naturels, va venir nourrir et fortifier la flore intestinale. Vous pouvez trouver du kéfir sur des sites de vente en ligne ou encore au rayon frais de certaines boutiques biologiques.

**Comment réaliser son kéfir ?**
Placez vos graines de kéfir dans le fond d'un bocal en verre de plus d'un litre. Ajoutez-y ensuite une belle cuillerée à soupe de sucre complet, un demi-citron bio (jaune ou vert) et une figue sèche. Remplissez votre bocal d'eau de source ou minérale. Fermez ensuite votre bocal avec une gaze tenue par un élastique ou avec un couvercle en verre. Laissez fermenter plus de 24 heures. Votre kéfir est prêt lorsque la figue est remontée à la surface et que votre boisson est légèrement pétillante, comme une limonade. Filtrez ensuite votre breuvage, placez-le dans une bouteille en verre et buvez-le petit à petit. N'oubliez pas d'en préparer de suite un nouveau afin de pouvoir en profiter le plus longtemps possible.

***Passez vite à la pratique** : Pour votre prochaine soirée, proposez du kéfir de fruits frais à vos amis ! Et s'ils vous demandent ce que c'est, vous pourrez leur répondre : « Ce sont des champignons ! » En été, ajoutez-y deux ou trois fraises ou des framboises... cela sera encore plus savoureux. Découvrez aussi les bienfaits similaires de la boisson de Kombucha, en vente au rayon frais, en boutique bio.*

# Les compléments alimentaires et les super-aliments à la rescousse !

Ce chapitre n'a pas pour but de vous inciter à prendre simultanément tous les compléments alimentaires ou super-aliments énoncés, mais de vous permettre de choisir en conscience, de tester celui ou ceux (jamais plus de trois différents quotidiennement) qui vous conviendront a un moment donné, en rapport avec vos besoins. Ne combinez pas une cure détox (chapitre p. 53) avec la prise de compléments alimentaires.

**ATTENTION :** Les compléments alimentaires sont généralement déconseillés aux femmes enceintes. En cas de doute, demandez à votre médecin.

## La canneberge

Ce petit fruit d'Amérique du Nord (également appelé cranberries) très riche en antioxydants et en vitamine C et en minéraux : calcium, zinc, fer, potassium... Saviez-vous que le jus de cette merveille de la nature est utilisé depuis longtemps pour guérir de nombreuses maladies et infections? On entend souvent parler de son efficacité sur les cystites (infections urinaires), mais qu'en est-il pour les problèmes de peaux? La canneberge est reconnue pour apporter une barrière contre le stress oxydatif, favoriser l'élimination de certaines bactéries, purifier la flore intestinale et lutter contre l'état inflammatoire du corps. Tout un tas d'avantages qui interviennent dans les causes de poussées récurrentes de boutons. Comme toujours, il s'agit de ne pas en surconsommer. Un petit verre de jus de canneberge ou une poignée de ce petit fruit séché suffit à en tirer ses bienfaits actifs.

**ATTENTION :** la canneberge est fortement déconseillée aux personnes allergiques à l'aspirine et aux personnes qui prennent un traitement pour fluidifier le sang, car elle contient un peu d'acide salicylique. Elle est également à éviter pour les personnes souffrant de calculs rénaux. En cas de doute, demandez toujours son avis à votre médecin.

***Passez vite à la pratique** : Lorsque vous invitez des amis à boire l'apéro, pensez à leur offrir du jus de canneberge (attention, vérifiez que le pourcentage de sucre ajouté ne soit pas trop élevé – lisez la liste des ingrédients sur la bouteille). Une façon délicieuse de se désaltérer entre amis ou en famille tout en se faisant du bien.*

## La levure de bière

Elle est très connue et conseillée pour fortifier les cheveux et les ongles. Mais saviez-vous qu'elle peut aussi contribuer à vous donner une peau plus saine?
La levure de bière est riche en protéines, oligoéléments et vitamines B indispensables à l'équilibre de la peau. Elle a également un effet très intéressant sur la flore intestinale en apportant des probiotiques naturels et une action notable sur l'élimination des toxines.

***Passez vite à la pratique :** Offrez-vous régulièrement une cure de levure de bière de plusieurs semaines, que vous prendrez soin de choisir avec la notification levure de bière « vivante ». Celle-ci sera bien plus efficace. Vous pouvez la prendre sous forme de comprimés, de gélules ou encore en paillettes à saupoudrer sur les plats, les salades… N'hésitez pas à remplacer votre fromage râpé par de la levure de bière en paillettes. Votre peau préférera et le goût est délicieux. Vous pouvez aussi opter pour la poudre de germe de blé qui aura des effets similaires.*

**Information :** Certaines personnes qui ont beaucoup de toxines à évacuer auront parfois une poussée de boutons dans les débuts de prises. N'ayez pas d'inquiétude, c'est un mal pour un bien. Très rapidement, une fois les toxines évacuées, la peau sera durablement plus saine et lumineuse.

## La propolis

Les abeilles sont précieuses et elles travaillent non seulement pour l'équilibre de notre planète, mais elles sont aussi de grandes chimistes capables de fabriquer des substances à l'efficacité curative étonnante. Ne citons ici que la propolis qui a la faculté de purifier et d'aseptiser totalement leur ruche. Il s'agit d'un antiviral, d'un antiseptique puissant et d'un dépuratif. Une aubaine pour lutter efficacement contre les boutons récalcitrants. Vous l'avez maintenant compris, les imperfections sont la manifestation d'un déséquilibre du corps qui a pour conséquence d'utiliser la peau comme un émonctoire pour expulser le trop-plein des toxines qui l'encombrent. D'où l'intérêt de faire une cure de propolis pour purifier l'organisme de l'intérieur tout en renforçant le système immunitaire. Les compléments de propolis se trouvent sous forme de gélules, comprimés et ampoules.
Où acheter de la propolis? En parapharmacie, en boutiques bio ou encore sur Internet.

## MSM

Qu'est-ce que c'est que cette bête-là? Il s'agit simplement d'un composé de soufre qui est l'un des constituants de notre corps. Il a un effet détoxifiant sur notre organisme, permet de soutenir le travail dépuratif du foie, de lutter contre la constipation… Des points dominants pour aborder une peau plus saine durablement.
Ce composé étant un puissant nettoyant de l'organisme, il faut procéder petite dose par petite dose, de manière à ce que le corps ne se retrouve pas tout à coup surchargé par une trop grande quantité de toxines circulantes. Pour cela, suivez les dosages proposés sur les boîtes d'emballage ou sur les notices qui accompagnent ce complément alimentaire en divisant la posologie par deux les deux premières semaines. Le MSM se trouve sous forme de poudre, de comprimés ou encore de gélules. Préférez les gélules, qui sont plus faciles à prendre.
Où acheter un complément de MSM? En boutiques bio ou encore sur Internet.

## L'aloe vera

Ce gel est tiré d'une plante succulente. Il contient 18 des 22 acides aminés, dont 7 essentiels. Il apporte aussi des sels minéraux précieux et des vitamines. Le gel d'aloe vera est reconnu comme antioxydant, antiseptique, antibactérien… Par sa richesse et ses actions, il aura aussi la capacité de drainer le foie qui est un organe-clé pour l'éclat de la peau. Pour profiter de la quintessence de ses vertus, il est important de vérifier que votre bouteille de gel d'aloe vera est bien opaque et que dans la liste des ingrédients il n'y a pas d'eau, de conservateurs et d'acide citrique ajoutés. De plus, privilégiez toujours une certification bio. Il est conseillé d'en faire

une cure d'au moins 3 semaines à raison d'une à deux cuillerées à soupe par jour au printemps et à l'automne.
Où acheter mon complément de gel d'aloe vera ? Au rayon complément alimentaire des boutiques bio ou encore sur Internet. Préférez le gel au jus.

## La spiruline

Il s'agit d'une algue verte, qui fait partie des super-aliments reconnus pour leurs effets positifs sur l'amélioration de la santé, mais aussi sur l'éclat de la peau. En effet, c'est un puissant anti-inflammatoire qui a une action antimicrobienne très intéressante pour remédier aux problèmes de peau. Le zinc, le bêtacarotène et la vitamine E qu'elle contient auront une action sur la cicatrisation et la régulation de la flore bactérienne intestinale, mais aussi directement sur la peau.
Chez certaines personnes, une cure de plusieurs mois couplée à une bonne hygiène de vie et à une routine de soins adaptés aura un effet remarquable. Où acheter de la spiruline ? Vous la trouverez facilement sous forme de comprimés en boutique bio ou sur des sites de ventes en ligne. La spiruline doit être composée exclusivement de spiruline et n'a besoin d'aucun additif de conservation ou autre ajout.

## L'huile de chanvre

Non, vous ne serez pas hors-la-loi en consommant cette huile prodigieuse qui provient du cannabis. Cette huile contient très peu de cannabinoïdes. Bien dosée en apport d'oméga 3 et 6, elle va avoir une action anti-inflammatoire. Elle aura donc un effet thérapeutique très intéressant pour lutter efficacement contre les problèmes de peau. Où acheter de l'huile de chanvre ? Vous la trouverez facilement au rayon des huiles alimentaires des magasins bio ou encore sur Internet. Comme elle est un peu plus rare que l'huile d'olive, son prix est plus élevé. S'offrir cette huile, c'est s'offrir un complément alimentaire de haute qualité. Une cuillerée par jour sera suffisante. Cette huile végétale doit être bio et de première pression à froid. Il ne faut jamais la cuire. Versez-en simplement dans un smoothie, sur un plat, une salade…

## Le miel de Manuka

On parle beaucoup des bienfaits du tea tree (arbre à thé) pour soigner les boutons, mais avez-vous entendu parler de l'un de ses cousins encore bien plus efficace ?
Le miel de Manuka est un miel précieux dont les nombreuses vertus sont déjà largement exploitées à l'autre bout du monde par le peuple des Maoris. C'est clairement la Rolls Royce de tous les miels. Il faut savoir qu'il est le plus riche en vitamines, minéraux, antioxydants et en antibiotiques naturels, ce qui en fait une vraie trousse à pharmacie pour traiter toutes sortes de maux : fièvre, infections digestives, affections de peau, plaies et brûlures…

De nombreuses recherches ont été effectuées ces dernières années sur ses bienfaits, et il est aujourd'hui prouvé que par ses aspects antiseptiques et antibactériens, il trouve même sa place dans certains soins hospitaliers.
Le miel de Manuka est un parfait allié pour retrouver une peau saine. Son prix est prohibitif, mais vous n'avez pas besoin d'en utiliser beaucoup pour profiter de son efficacité, tant en interne qu'en externe. Vous pouvez tout à fait opter pour une petite cuillerée par jour, diluée ou non dans une tisane pour purifier et assainir votre flore intestinale. Le miel restant un produit de consommation sucré, il est important de ne pas en abuser. Pour ce qui est de son utilisation externe, voici deux applications efficaces.

**Masque 1 :** Appliquez-en une cuillerée à café directement sur votre visage en évitant le contour des yeux. Laissez agir une demi-heure à une heure et rincez à l'eau tiède et au savon doux.
**Masque 2 :** Dans un petit bol, mélangez une cuillerée à café de miel de Manuka, une cuillerée de poudre de curcuma, une cuillerée à café de gel d'aloe vera et une cuillerée à café de jus de citron. Faites-en une pâte lisse. Appliquez ce masque en évitant le contour des yeux. Laissez-le agir 15 à 20 minutes et retirez-le à l'eau chaude et au savon doux.

**Comment bien choisir son miel de Manuka?**
Attention, car il en existe beaucoup à bas prix qui sont de bien moindre efficacité et qui ne vous donneront pas la meilleure satisfaction, car ils ne contiennent que peu d'actifs. Pour être sûr de choisir un miel efficace, il faut que soit indiqué sur le pot l'indice UMF (Unique Manuka Factor). Cet indice doit être supérieur à 10 pour que le miel commence à avoir une efficacité intéressante. Vous pouvez en acheter en magasins bio ou sur des sites de vente en ligne.

***Passez vite à la pratique :*** *Lorsque vous sentez qu'un gros bouton pointe son nez, mettez un tout petit peu de miel de Manuka dessus avant d'aller vous coucher. Le miel de Manuka va désinfecter et soigner le vilain intrus. Non seulement il sera très rapidement moins rouge, mais il partira aussi vite qu'il sera venu sans laisser de vilaine cicatrice.*

## Le curcuma

Bien connu en Inde, le curcuma n'est pas qu'une simple épice qui sert à agrémenter des plats. Elle est aussi réputée pour être un bon soin interne et externe pour lutter efficacement contre les imperfections. Puissant antioxydant, antiallergique, diurétique, astringent, détoxifiant en interne, il a une action anti-inflammatoire, éclaircissante et régulatrice sur la peau en application externe. Au vu de ses multiples bienfaits, le curcuma est une option efficace à moindre coût.

**Comment tirer profit du curcuma en cure interne?**
Le lait d'or : Faites chauffer à feu doux du lait végétal (lait d'amandes, de riz, de quinoa…) et ajoutez-y une cuillerée de curcuma. Remuez bien. Quand le mélange devient jaune, retirez-le du feu. Buvez-en un verre par jour. Vous pouvez ajouter une petite lichette de miel si le goût ne vous convient pas.
La cure sous forme de gélules : Si vous avez du mal avec le goût du curcuma et que vous ne souhaitez pas en saupoudrer tous vos plats, aujourd'hui, il existe de nombreuses marques de compléments alimentaires biologiques qui proposent du curcuma sous forme de comprimés ou de gélules. Pour vous assurer d'une parfaite absorption du curcuma par votre organisme, choisissez toujours un complément de curcuma additionné de poivre noir.

***Passez vite à la pratique :*** *Intéressez-vous aux recettes indiennes qui utilisent du curcuma. Ainsi, vous vous ferez du bien tout en appréciant un bon repas.*

**Comment tirer profit du curcuma en cure externe?**
**En masque :** Dans un petit bol, versez une cuillerée à café de curcuma en poudre, une cuillerée à soupe d'hydrolat de rose, une cuillerée à soupe de farine de riz, une cuillerée à soupe d'huile (nigelle, jojoba, olive…). Lorsque le mélange est homogène, appliquez-le sur l'ensemble de votre visage en évitant le contour des yeux et laissez agir 20 minutes. Rincez à l'eau tiède puis une seconde fois à l'eau tiède et au savon doux. Ce masque peut être réalisé deux fois par semaine si vous en ressentez le besoin.
**En gommage doux :** Dans un petit bol, versez une cuillerée de curcuma en poudre et quelques gouttes de jus de citron. Lorsque vous obtenez une pâte, appliquez-la sur l'ensemble de votre visage en évitant le contour des yeux. Laissez agir 15 minutes, puis rincez à l'eau claire tout en effectuant, avec des gestes doux et circulaires, un massage qui va agir comme un exfoliant doux. Retirez la totalité de la préparation avec un dernier rinçage à l'eau claire.

***Passez vite à la pratique :*** *Lorsque vous passerez au rayon épices de votre magasin, n'oubliez pas d'acheter votre pot de curcuma en poudre. Votre peau appréciera!*

## La poudre d'herbe de blé :

L'herbe de blé est récoltée lorsque la plante est encore en phase de pousse. C'est au cours de cette phase de croissance que les pousses renferment une combinaison unique de nutriments essentiels qui vont être particulièrement bénéfiques pour le fonctionnement optimal du corps. Très riche en minéraux, enzymes, vitamines… l'herbe de blé est aussi une source abondante de chlorophylle. Cette chlorophylle (qui lui donne sa belle couleur verte) va désencrasser le corps de ses toxines. Elle aura pareillement une action réelle sur l'oxygénation du sang, luttera contre le manque de fer, dynamisera l'organisme, améliorera la digestion…

La poudre d'herbe de blé est un complément alimentaire de choix pour avoir une peau plus saine. À vous de la choisir de qualité bio, sans aucun additif. L'herbe de blé peut être consommée diluée dans de l'eau tiède. La posologie est toujours notée sur l'emballage. Mais dans les premières prises, n'hésitez pas à commencer doucement et à diviser par deux la posologie recommandée, le temps de la première semaine.
Où acheter de la poudre d'herbe de blé ? En boutiques bio, au rayon complément alimentaire, ou encore sur Internet.

●●●

## Les tisanes purifiantes

Et si vous pouviez améliorer l'état de votre peau avec une boisson ? C'est un peu le concept bien rodé de ce que peuvent apporter les infusions de plantes. On trouve dans la nature des herbes aromatiques, des plantes, des fleurs qui ont des effets anti-inflammatoires, dépuratifs, antiseptiques et qui permettent d'avoir une peau plus saine. Alors oui, de l'eau chaude et des plantes dedans, c'est une solution beauté peu coûteuse qui peut être très efficace.
Quelles sont les plantes qui vont vraiment avoir un impact sur l'amélioration de votre peau ? En voici une petite liste de référence : houblon, origan, ortie, thym, sauge, bardane, pensée sauvage, fumeterre, réglisse…

***Passez vite à la pratique :*** *Remplacez les sodas sucrés par une bonne tisane beauté que vous aurez plaisir à déguster et qui contribuera à rendre votre peau plus saine. Pour cela, préparez-vous une tisane « belle peau » et buvez-en une à deux tasses par jour. Par exemple, mélangez de l'ortie (anti-inflammatoire), de la bardane (désinfectant), du thym (cicatrisant) et de la pensée sauvage (purifiant). Mettez à parts égales chacune de ces plantes séchées dans un grand récipient, mélangez et voilà, votre tisane « belle peau » est prête à être dégustée !*

●●●

## Et les hormones dans tout ça ?

Nous ne sommes pas tous égaux et il arrive que les problèmes de peau soient dus aux troubles hormonaux. Outre le fait d'avoir une alimentation saine, une hygiène de vie adaptée et de prendre le temps de purifier son foie, on peut trouver dans

la nature quelques plantes qui auront des effets équilibrants intéressants et qui, chez certaines personnes, auront une efficacité très appréciée.
Ce chapitre va vous permettre de choisir votre tisane, votre complément alimentaire, en fonction de vos besoins du moment.

**ATTENTION :** Si vous êtes enceinte ou allaitante, demandez l'avis de votre médecin ou gynécologue.

## Tisane de framboisier

Voilà une tisane particulièrement intéressante pour les filles. Elle va, entre autres, avoir une action sur l'équilibre hormonal et dans l'harmonisation des cycles menstruels. Le framboisier est une plante qui détoxifie le sang et tonifie les muqueuses. Son action nettoyante a des effets visibles dans les traitements de diverses affections de la peau. Pour en apprécier les bienfaits, il suffit d'en boire une à deux tasses par jour. N'hésitez pas à la laisser infuser 30 minutes voire plusieurs heures pour en tirer les meilleurs effets.
Où acheter la tisane de framboisier? En herboristerie ou sur Internet. On peut aussi trouver le framboisier sous forme d'extrait de bourgeons (gemmothérapie).

## Tisane de sauge

La sauge a de nombreuses vertus dont celle d'avoir une action positive sur les hormones et le cycle menstruel. On lui connaît des substances comparables à une hormone œstrogénique de la femme, la folliculine. Elle sera donc intéressante à consommer en tisane pour une cure plus ou moins longue d'une tasse par jour, au petit déjeuner par exemple.
Où acheter la tisane de sauge? En herboristerie, au rayon tisanes et thés des boutiques bio ou encore sur Internet.

## Tisane d'achillée millefeuille

Très prisée au Moyen Âge par les chevaliers, elle est à elle seule une trousse de premiers secours par la dimension de ses bienfaits. Elle est très prisée pour son action sur le système digestif qu'elle apaise, mais aussi pour son action sur les cycles menstruels, les bouffées de chaleur… deux actions susceptibles, chez certaines personnes, d'apporter un véritable soutien à l'enrayement des problèmes de peaux causées par des troubles hormonaux. Il est souvent conseillé d'en consommer une à deux tasses par jour.

**ATTENTION :** L'achillée millefeuille peut provoquer des réactions allergiques cutanées chez les personnes sensibles aux plantes de la famille des astéracées (ou composées) : marguerite, aster, camomille, pissenlit, etc.

## L'huile d'onagre

L'huile d'onagre est une huile bienfaisante pour réguler les hormones. Elle a un impact notable sur les cycles menstruels, l'état psychique, les douleurs prémenstruelles et elle est bénéfique pour lutter contre la rétention d'eau. Par sa richesse en bons acides gras, elle va aussi apporter du confort à la peau dont elle va stimuler l'élasticité et l'hydratation.
On trouve facilement l'huile d'onagre sous forme de capsules (pour la préserver de l'oxydation) dont on peut faire des cures régulières. Le dosage est toujours indiqué sur les boîtes de ce type de complément alimentaire. Il est conseillé d'opter pour des capsules d'huile de qualité bio.
Où acheter les capsules d'huile d'onagre ? Au rayon des compléments alimentaires des boutiques bio ou encore sur Internet.

## L'alfalfa

Aussi appelé Luzerne, l'alfalfa est un apport formidable de minéraux, d'acides aminés… C'est un puissant reminéralisant et a une action positive sur les ongles, la peau et qui renforce l'immunité. En plus de quoi elle contient des isoflavones, des phytoœstrogènes (coumestrol) comme ceux du soja. L'alfalfa a donc également un rôle intéressant sur l'équilibre des hormones.
On peut facilement réaliser des cures d'alfalfa sous forme de comprimés, mais aussi de graines germées.
Où acheter de l'alfalfa ? En boutiques bio ou encore sur Internet.

## Vitamine D

Peut-être avez-vous déjà entendu parler de cure d'UV pour lutter contre l'acné ? En effet le docteur Maynard Aierlin TR. rapporte que les résultats de ses études auraient été plutôt concluants. Il n'en reste pas moins mauvais de trop s'exposer aux rayons du soleil (voir p. 41) cependant on ne peut nier qu'en été, la peau est plus belle, et que le corps reçoit davantage de cette vitamine si importante à notre santé. Il est aujourd'hui reconnu que nous sommes des millions à être avoir des carences en vitamine D, d'où l'intérêt de se pencher sur la question. Pendant longtemps, la vitamine D était considérée seulement comme une vitamine, mais il a été démontré récemment qu'elle est aussi une hormone.
Une carence en vitamine D peut avoir comme conséquences des problèmes de peau. Ce n'est peut-être pas pour rien que nos grands-parents et arrière-grands-parents avaient l'habitude de consommer régulièrement de l'huile de foie de morue qui en est une bonne source.
N'hésitez pas à consulter votre médecin pour vérifier votre taux de vitamine D par prise de sang. Sachez tout de même que vous pouvez aussi trouver des

compléments alimentaires de vitamine D en boutiques bio et diététiques. Préférez toujours la vitamine D3, reconnue pour être la plus assimilable. L'huile de foie de morue fermentée est aussi une très bonne source par son dosage. Les doses à respecter sont indiquées directement sur l'emballage du produit.

## La maca

Il s'agit d'une plante qui vient du Pérou et qui est dite adaptogène, car elle a la capacité d'harmoniser et d'équilibrer les hormones. C'est pourquoi elle est avant tout très connue pour améliorer la fertilité, booster la libido, harmoniser les cycles menstruels et favoriser la virilité chez les hommes. C'est donc par son action sur les hormones qu'elle en est intéressante. Elle améliore sensiblement les problèmes de peaux liées à des déséquilibres hormonaux. Une cure de 3 mois est suffisante et il n'est pas conseillé d'aller au-delà. On peut la choisir sous forme de poudre (elle a bon goût!) ou en comprimés et de qualité bio. La posologie est indiquée sur les emballages.
Où acheter la Maca? En boutiques bio ou encore sur Internet.

## Le fenugrec

Le fenugrec est une plante herbacée connue et utilisée en cuisine comme condiment. Mais pas uniquement... c'est aussi très bon fortifiant et stimulant de l'organisme. Il a une action anti-inflammatoire reconnue et lutte efficacement contre la glycémie, favorise la détoxination, permet une meilleure assimilation de nutriments, améliore la digestion et... est une plante galactogène (bien connue des femmes allaitantes, car il stimule la montée de lait) qui va harmoniser les hormones. Son seul petit inconvénient est qu'il stimule légèrement l'appétit. Vous le trouverez facilement sous forme de gélules. La posologie est toujours notée sur l'emballage.
Où acheter le fenugrec? En boutiques bio au rayon complément alimentaire ou encore sur Internet.

## Le persil

Plante aromatique riche en oligoéléments, vitamine C, fer... le persil est reconnu pour ses vertus anti-oxydantes, anti-inflammatoires et détoxinantes sur l'organisme. Ce que vous ne savez peut-être pas, c'est qu'il renferme de l'apiol, substance qui va aider à harmoniser le cycle menstruel en ayant une action sur les hormones. En plus de le consommer cru ou en infusion, une cure sous forme de gélules ou en comprimés sera plus dosée et plus efficace. Vous pouvez trouver ces compléments de persil sous l'appellation de persil feuilles ou de persil racine. Attention cependant pour les femmes allaitantes, le persil est reconnu pour diminuer, voir bloquer la lactation.
Où acheter des compléments de persil? Vous pouvez trouver des compléments de persil en boutiques bio au rayon complément alimentaire ou encore sur Internet.

### Attention aux sources d'hormones cachées !

Lorsque nos problèmes de peau sont d'ordre hormonal, il est important de garder en tête que les produits animaux des filières industrielles de basse qualité sont bourrés d'hormones de croissance, d'antibiotiques et autres substances néfastes pour la santé et la peau. Restez donc attentif à la qualité des viandes, œufs et même soja que vous achetez. Choisissez toujours des protéines de qualité biologique qui ont ainsi une meilleure traçabilité. Préférez toujours du soja étiqueté « fermenté ou lactofermenté », le seul soja qui était consommé par les Japonais avant l'ère de l'industrialisation. En effet, les hormones contenues dans vos aliments entrent dans votre corps et peuvent créer des déséquilibres silencieux, mais bien réels.

## La detox de la peau

Peut-être avez-vous l'habitude d'utiliser des produits cosmétiques conventionnels ? Peut-être avez-vous découvert les soins naturels, pour la première fois, en lisant ce livre ? Ayez la patience d'attendre avant de voir votre peau se transformer. Toutes les peaux réagissent différemment. Pour certains, les boutons vont disparaître en moins d'une semaine et pour d'autres, quelques nouveaux apparaîtront dans les tout débuts et il faudra un peu plus de temps pour que la peau s'habitue aux changements et trouve un nouvel équilibre. Dans tous les cas, soyez serein et donnez-vous un peu de temps pour apprécier des effets durables.

## Localisation des boutons

Et si les boutons n'étaient que le signe de dérèglements de votre corps ? Et si vous pouviez simplement identifier leur cause en regardant où ils apparaissent sur votre visage ? Voilà une façon simple de se rappeler que oui, une bonne routine est essentielle, mais qu'une bonne hygiène de vie est tout aussi importante. (*voir illustration page suivante*).

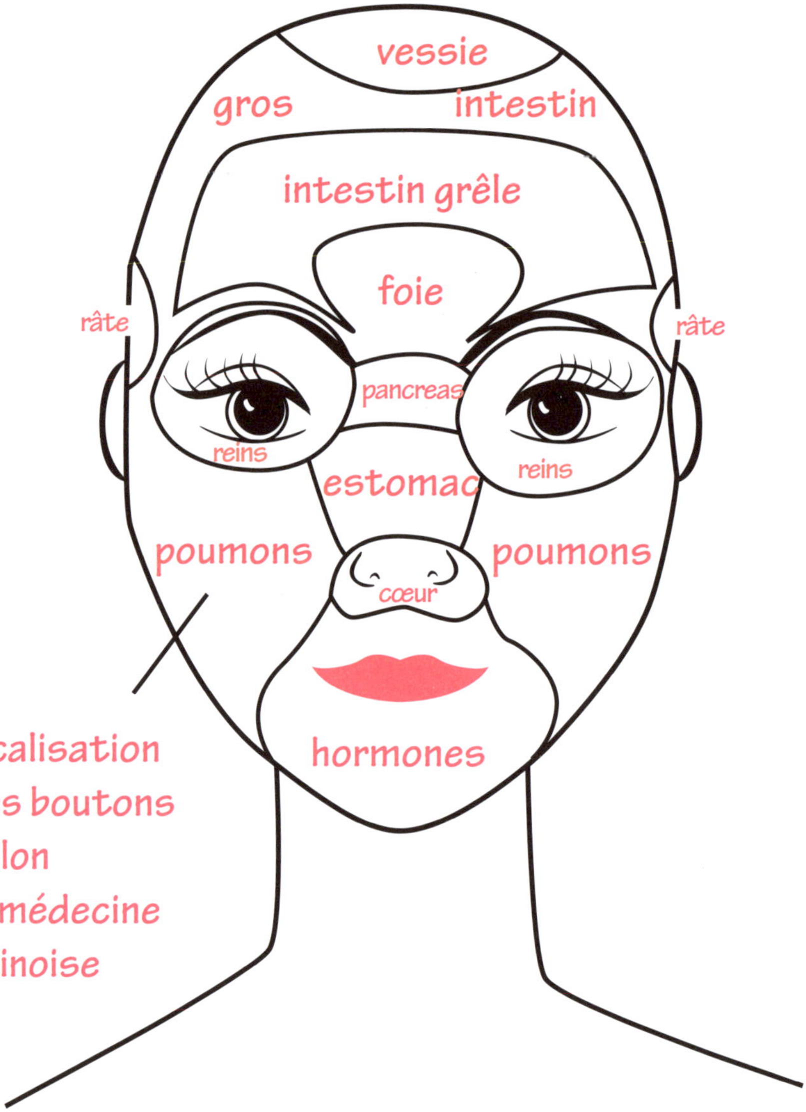


localisation
des boutons
selon
la médecine
chinoise

# Conclusion

Vous voilà désormais riche d'une compréhension globale et d'astuces pratiques qui, dès aujourd'hui, vont amorcer la transformation de votre peau et vous faire oublier le bouton solitaire, mais surtout, les boutons collectifs, les possessifs… Il est temps pour vous de leur dire « Adieu ! Hasta la vista ! Adiós ! Ciao ! » Cette fois-ci, votre cohabitation est terminée. Une nouvelle peau, une nouvelle vie se dessinent pour vous. Il y aura bien des jours où les envahisseurs essaieront de revenir vous faire un petit coucou, mais grâce à votre routine de soins, à votre hygiène de vie, à vos nouvelles connaissances sur l'équilibre de votre corps, plus jamais ils ne devraient s'installer durablement.
Nombreuses sont les personnes dont la peau a été transformée grâce à des gestes simples et à des soins naturels. Alors, pourquoi pas la vôtre ? Vous avez droit à la peau de vos rêves, ici et maintenant !

Achevé d'imprimer avril 2016